westermann

¿Qué pasa? 1

Erarbeitet von
Michaela Silvia Acuna (Düdingen), María Barroso Prieto (Hamburg), Anne Jähnert (Berlin), Lisa Olbrück (Siegburg), Yasmin Vogts (Hamburg), Dr. Jennifer Wengler (Bad Münder) sowie Anne-Katharina Brosius (Königswinter)

unter Mitwirkung der Redaktion
Isabel Calvo Suárez, Vanessa Rother, Silvia Seoane García, Melissa Suárez Mosquera und Kristina de Vogüé

Fachliche Beratung
Angelika Bethke (Wolfenbüttel), Björn Boos (Bergisch Gladbach) und Anne-Katharina Brosius (Königswinter)

Zusatzmaterialien zu *¿Qué pasa?* 1

Für Lehrerinnen und Lehrer:

Cuaderno de actividades 1 mit Lösungen	978-3-14-113767-5
Cuaderno de actividades 1+ mit Lösungen	978-3-14-113771-2
Guía didáctica 1 mit Kopiervorlagen	978-3-14-113762-0
Lernerfolgskontrollen 1 zum Download	WEB-14-113772

Für Schülerinnen und Schüler:

Cuaderno de actividades 1	978-3-14-113723-1
Cuaderno de actividades 1 (digital)	978-3-14-210786-8
Cuaderno de actividades 1+	978-3-14-113727-9
Cuaderno de actividades 1+ (digital)	978-3-14-210787-5
Wortschatztrainer 1	978-3-14-113742-2
Grammatiktrainer 1	978-3-14-113746-0
Klassenarbeitstrainer 1	978-3-14-113738-5
Lektüre 1	978-3-14-113758-3

Das digitale Schulbuch und digitale Unterrichtsmaterialien für Schülerinnen und Schüler und für Lehrkräfte finden Sie in der BiBox – dem digitalen Unterrichtssystem passend zum Lehrwerk. Mehr Informationen über aktuelle Lizenzen finden Sie auf www.bibox.schule.

Auf alle **digitalen Ergänzungen zum Buch** können Sie über die Webcodes oder QR-Codes zugreifen, die Sie oben auf den Seiten finden. Dazu zählen Audiotracks, Videoclips, Arbeitsblätter, Lösungen der Repasos und digitale Zusatzübungen. Gehen Sie auf www.westermann.de und geben Sie im Suchfeld den entsprechenden Webcode ein oder scannen Sie direkt den QR-Code.

© 2025 Westermann Bildungsmedien Verlag GmbH, Georg-Westermann-Allee 66, 38104 Braunschweig
www.westermann.de

Das Werk und seine Teile sind urheberrechtlich geschützt. Jede Nutzung in anderen als den gesetzlich zugelassenen bzw. vertraglich zugestandenen Fällen bedarf der vorherigen schriftlichen Einwilligung des Verlages. Nähere Informationen zur vertraglich gestatteten Anzahl von Kopien finden Sie auf www.schulbuchkopie.de.
Für Verweise (Links) auf Internet-Adressen gilt folgender Haftungshinweis: Trotz sorgfältiger inhaltlicher Kontrolle wird die Haftung für die Inhalte der externen Seiten ausgeschlossen. Für den Inhalt dieser externen Seiten sind ausschließlich deren Betreiber verantwortlich. Sollten Sie daher auf kostenpflichtige, illegale oder anstößige Inhalte treffen, so bedauern wir dies ausdrücklich und bitten Sie, uns umgehend per E-Mail davon in Kenntnis zu setzen, damit beim Nachdruck der Verweis gelöscht wird.

Druck A[1] / Jahr 2025
Alle Drucke der Serie A sind im Unterricht parallel verwendbar.

Redaktion: Isabel Calvo Suárez, Vanessa Rother, Silvia Seoane García, Melissa Suárez Mosquera, Kristina de Vogüé
Illustrationen: Andrea Naumann, Aachen
Umschlaggestaltung: LIODesign GmbH, Braunschweig
Layout: Visuelle Lebensfreude, Hannover
Druck und Bindung: Westermann Druck GmbH, Georg-Westermann-Allee 66, 38104 Braunschweig
ISBN 978-3-14-113718-7

Índice

Seite	Kommunikative Lernziele	Sprachliche Mittel	Methoden- und Medienkompetenz / Interkulturalität
8	**Un rally por ¿Qué pasa?**		
	• *¿Qué pasa?* kennenlernen: eine Rallye durch das Buch		
10	**Unidad 1: Las vacaciones en Ribadesella**		
12	**Parte A** • sich begrüßen und verabschieden • sich und andere vorstellen • beschreiben, was man mit den Ferien verbindet	• *me llamo / te llamas / se llama* • die Personalpronomen • das Verb *ser* • der bestimmte Artikel • die Pluralbildung • die Fragepronomen *¿qué?, ¿cómo?, ¿de dónde?*	Methode / Medienkompetenz: • Wörter (online) nachschlagen Interkulturalität: • Sommerferien in Spanien • der Ort Ribadesella • Begrüßung in Spanien
16	**Parte B** • fragen und sagen, wie es einem geht • fragen, wie man ein Wort schreibt • den eigenen Namen buchstabieren	• das Alphabet	Methode: • Worterschließung Medienkompetenz: • Gestaltungsmittel von Plakaten Interkulturalität: • El Descenso Internacional del Sella
20	**Al final** Du stellst dich in einem Video deiner spanischen Gastfamilie vor.		
21	**Algo especial:** El español en el mundo		
22	**Gramática y comunicación**		
24	**Repaso** *(auch in digitaler Form)*		
26	**Taller de pronunciación** *(flexibel einsetzbar)* • die Aussprache der spanischen Laute • die Betonung und Akzentsetzung		

Índice

Seite	Kommunikative Lernziele	Sprachliche Mittel	Methoden- und Medienkompetenz / Interkulturalität
30	**Unidad 2: Mi vida en Madrid**		
32	**Parte A** • fragen und sagen, wie alt man ist • einer Aussage zustimmen oder sie verneinen • über die Familie und Haustiere sprechen	• das Verb *tener* • die Zahlen von 0 bis 20 • die Verneinung mit *no* • der unbestimmte Artikel	Interkulturalität: • spanische Nachnamen • die Hauptstadt Madrid Methode: • einen Text sinnbetont vortragen
39	**Parte B** • sich verabreden • die Tageszeiten angeben	• die regelmäßigen Verben auf *-ar* • die Fragepronomen *¿cuándo?* und *¿dónde?*	Interkulturalität: • Regionalsprachen in Spanien Text- und Medienkompetenz: • eine E-Mail schreiben
44	**Al final** Du erstellst einen Steckbrief über dich und stellst ihn vor.		
45	**Algo especial:** Un día en Madrid		
46	Gramática y comunicación		
48	Repaso *(auch in digitaler Form)*		
50	**Unidad 3: En mi barrio**		
52	**Parte A** • ein Stadtviertel beschreiben • fragen, wo jemand oder etwas ist, und darauf antworten	• *hay* • das Verb *estar* • die Ortspräpositionen • die Artikelverschmelzung *del*	Interkulturalität: • das Stadtviertel La Latina Medienkompetenz: • soziale Netzwerke
58	**Parte B** • den Klassenraum beschreiben • über die Schule und den Stundenplan sprechen • die Wochentage angeben	• die regelmäßigen Verben auf *-er* und *-ir*	Methode: • Vokabeln mit Klebezetteln lernen Interkulturalität: • Duzen und Siezen in Spanien • das spanische Schul- und Notensystem
64	**Al final** Du stellst mithilfe einer Foto-Präsentation deine Schule oder dein Stadtviertel / dein Dorf vor.		
65	**Algo especial:** El Día de la No Violencia y la Paz		
66	Gramática y comunicación		
68	Repaso *(auch in digitaler Form)*		

Índice

Seite	Kommunikative Lernziele	Sprachliche Mittel	Methoden- und Medienkompetenz / Interkulturalität
70	**Unidad facultativa: ¡Feliz Navidad!**		
	• Weihnachts- und Silvestertraditionen in Spanien und Lateinamerika		
74	**Unidad 4: Mi gente**		
76	**Parte A** • das Aussehen und den Charakter einer Person beschreiben • sagen, wohin man geht	• die Fragepronomen ¿quién/es? und ¿adónde? • das Verb ir • die Artikelverschmelzung al • die Adjektive	Medienkompetenz: • der Gebrauch von Emojis Methode: • Hörverstehen Interkulturalität: • Orientierungswissen Kolumbien
82	**Parte B** • über die Familie und Freunde sprechen • nach der Anzahl fragen und darauf antworten	• die Possessivbegleiter • die Zahlen von 21 bis 100 • das Fragepronomen ¿cuántos/-as?	Interkulturalität: • piñatas
88	**Al final** Du erstellst ein Lapbook zu deiner Familie / einer berühmten Familie oder zu deinem Freundeskreis.		
89	**Algo especial: Cómo hacer una piñata**		
90	**Gramática y comunicación**		
92	**Repaso** *(auch in digitaler Form)*		
94	**Unidad 5: Nuestro tiempo libre**		
96	**Parte A** • über Hobbys und Vorlieben sprechen • sagen, was man (nicht) mag	• das Verb gustar • también / tampoco • das Verb jugar • die Verben hacer und ver	Interkulturalität: • die Fußballclubs Real Madrid und FC Barcelona
102	**Parte B** • Vorschläge machen, annehmen und ablehnen • die Uhrzeit angeben • Kleidung beschreiben • einen Grund erfragen und angeben	• die Verben tener que, poder und querer • ¿por qué? und porque	Interkulturalität: • Öffnungszeiten in Spanien Methode: • Vokabeln mit Karteikarten lernen
108	**Al final** Ihr erstellt ein Programm und einen Flyer für das Schulfest eurer spanischen Austauschschule.		
109	**Algo especial: El día de Gaturro**		
110	**Gramática y comunicación**		
112	**Repaso** *(auch in digitaler Form)*		

Índice

Seite	Kommunikative Lernziele	Sprachliche Mittel	Methoden- und Medienkompetenz / Interkulturalität
114	**Unidad 6: Mis planes para el verano**		
116	**Parte A** • Verkehrsmittel angeben • über Pläne sprechen	• das *futuro inmediato* • Relativsätze mit *que*	Methode: • freies Sprechen
120	**Parte B** • über den Urlaub berichten • Begeisterung ausdrücken • über das Wetter sprechen	• *para* + Infinitiv • die Begleiter *mucho/-a* und *poco/-a*	Interkulturalität: • *churros con chocolate*
124	**Al final** Du stellst in einer kurzen Präsentation deinen perfekten Urlaubstag vor.		
125	**Algo especial: La canción del verano**		
126	**Gramática y comunicación**		
128	**Repaso** *(auch in digitaler Form)*		

	Apéndice		Mapas
130	Diferenciación: Más ayuda		España (Innenumschlag vorne)
138	Diferenciación: Más retos		Hispanoamérica (Innenumschlag hinten)
142	Estrategias		Las comunidades autónomas de España (S. 192)
152	Los verbos, El alfabeto, La acentuación, La ortografía		
156	Hablar en clase		
158	Vocabulario: Lista cronológica		
176	Minidiccionario español – alemán		
181	Minidiccionario alemán – español		
187	Los números, Los países, Los continentes, Las lenguas		
190	Bildnachweis		

Dein Weg durch *¿Qué pasa?*

Das Buch beinhaltet **6 Unidades** (= Kapitel) zu unterschiedlichen Themen. Jedes Kapitel fängt mit einer Doppelseite an, die in das Thema einführt. Es folgen **Parte A** und **Parte B**, die sich mit unterschiedlichen Aspekten des Kapitelthemas befassen. Jedes Kapitel endet mit der Lernaufgabe **Al final**. In den Lernaufgaben kannst du zeigen, was du alles in der **Unidad** gelernt hast.
Es folgt die fakultative Seite **Algo especial** und die Übersichtsseite **Gramática y comunicación**.
Diese Zusammenfassung kannst du zum Beispiel nutzen, um dich auf die nächste Klassenarbeit vorzubereiten.

Nach jeder **Unidad** kannst du dein Wissen auf der Wiederholungsseite **Repaso** überprüfen.
Die Lösungen findest du hinter dem QR-Code bzw. Webcode.
Alternativ kannst du die meisten Aufgaben der **Repasos** digital bearbeiten. Scanne auch dafür den QR-Code auf der Seite oder gib den Webcode im Suchfeld auf *www.westermann.de* ein.

Índice

Symbole und Verweise

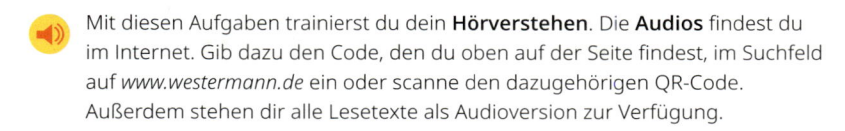

🔊 Mit diesen Aufgaben trainierst du dein **Hörverstehen**. Die **Audios** findest du im Internet. Gib dazu den Code, den du oben auf der Seite findest, im Suchfeld auf *www.westermann.de* ein oder scanne den dazugehörigen QR-Code. Außerdem stehen dir alle Lesetexte als Audioversion zur Verfügung.

▶ Mit diesen Aufgaben trainierst du dein **Hörsehverstehen**. Die **Videos** findest du im Internet. Gib dazu den Code, den du oben auf der Seite findest, im Suchfeld auf *www.westermann.de* ein oder scanne den dazugehörigen QR-Code.

p. 130 🛍 Das leichte Gewicht verweist auf eine Aufgabenvariante mit mehr Hilfestellungen. Du findest diese Aufgabe auf der angegebenen Seite im **Differenzierungsanhang** *Más ayuda*.

p. 138 🛍 Das schwere Gewicht verweist auf eine Aufgabenvariante, die dich mehr herausfordert. Du findest diese Aufgabe auf der angegebenen Seite im **Differenzierungsanhang** *Más retos*.

p. 142 💡 Die Glühbirne verweist auf den **Methodenanhang** *Estrategias*. Auf der angegebenen Seite werden Strategien erklärt, die dir beim Bearbeiten der Aufgabe helfen.

✋ Die Hand verweist auf **digitale Zusatzübungen**. Diese findest du im Internet. Gib dazu den Code, den du oben auf der Seite findest, im Suchfeld auf *www.westermann.de* ein oder scanne den dazugehörigen QR-Code.

📄 Dieses Symbol weist darauf hin, dass es zu der Aufgabe im Internet ein **passendes Arbeitsblatt** gibt. Gib dazu den Code, den du oben auf der Seite findest, im Suchfeld auf *www.westermann.de* ein oder scanne den dazugehörigen QR-Code.

〰 In Übungen mit diesem Symbol trainierst du deine **Medienkompetenz**.

◀ Die Aufgabe ist eine **Mini-Tarea**. Sie bereitet dich auf die Lernaufgabe **Al final** vor, die du am Ende jeder **Unidad** findest.

El país y la gente — **El país y la gente** bedeutet übersetzt „das Land und die Leute". Unter dieser Überschrift erfährst du Wissenswertes über Spanien und Lateinamerika.

Así se dice — **Así se dice** bedeutet übersetzt „So sagt man das". Hier findest du hilfreiche Redemittel und nützlichen Wortschatz für die Aufgabe.

El idioma — **El idioma** bedeutet übersetzt „die Sprache". Hier werden wichtige grammatische Regeln zusammengefasst.

siete 7

Un rally

Herzlich willkommen bei *¿Qué pasa?*! Das Buch wird dir beim Spanischlernen helfen. Deshalb ist es wichtig, dass du dich gut darin zurechtfindest.
Beantworte die folgenden Fragen und lerne dein Buch kennen. Die Buchstaben ergeben den Namen von einem der bekanntesten und meistbesuchten Plätze Madrids. Die Statue **El Oso y el Madroño** *(der Bär und der Erdbeerbaum)* steht auf diesem Platz. Sie ist auch auf dem Stadtwappen von Madrid zu sehen.

1. Das Buch hat sechs Kapitel.
   Wie ist die Bezeichnung für „Kapitel" auf Spanisch?
   - G   Índice
   - P   Unidad

2. Wie heißen die fünf Jugendlichen, die dich durch *¿Qué pasa?* begleiten?
   - A   Lucía, Mauro, Raúl, Diego, María
   - U   Lucía, Miguel, Raúl, Tito y Clara

3. Wie kannst du auf die Audios und Videos zugreifen?
   - E   über den Webcode oder QR-Code auf der Seite
   - R   über eine App

4. Sieh dir die Seiten 70–71 an.
   Welches Fest ist Thema in der *Unidad facultativa*?
   - M   Ostern
   - R   Weihnachten

5. Suche auf der Karte hinten im Buch, wie die Hauptstadt von Nicaragua heißt.
   - K   San José
   - T   Managua

8   ocho

Un rally

6. Was bedeutet dieses Symbol 👆?
Zu der Aufgabe gibt es …

- O   ein Video.
- A   eine digitale Zusatzübung.

7. Wie heißen die Seiten am Ende jeder Lektion, auf denen du Übungen zur Wiederholung machen kannst?

- T   Algo especial
- D   Repaso

8. In den Listen ab Seite 158 findest du alle Wörter in der Reihenfolge, in der sie im Buch eingeführt werden. Die fett gedruckten Wörter …

- E   musst du lernen.
- U   sind besonders selten.

9. Suche auf der Spanienkarte vorn im Buch, wie die Region im äußersten Nordwesten heißt.

- M   Katalonien
- L   Galicien

10. Die Seitenzahlen findest du auf jeder Seite ausgeschrieben. Wie sagt man 90 auf Spanisch?

- G   nueve
- S   noventa

11. Suche im Minidiccionario, was „die Hose" auf Spanisch heißt.

- U   la camisa
- O   el pantalón

12. Welche Informationen bekommst du in den Kästen *El país y la gente*?

- L   über Land und Leute
- N   über Grammatikregeln

Jetzt kann es losgehen! In deinem Spanischbuch gibt es noch viel mehr zu entdecken. Viel Spaß mit *¿Qué pasa?*!

1 Las vacaciones en Ribadesella

Hola, me llamo Lucía. Soy de Madrid. Para mí las vacaciones son Ribadesella, la música y los amigos. Y él es Miguel.

Hola, me llamo Raúl. Soy el amigo de Lucía. Lucía, Miguel y yo somos de Madrid. El verano en Madrid es horrible, pero en Ribadesella es genial. ¿Las vacaciones? Para mí son los amigos, las montañas y los juegos en la playa.

Hola, yo soy Miguel, el hermano de Lucía. Soy de Madrid. Para mí las vacaciones son la playa y los helados. ¡Hasta luego!

El país y la gente

In Spanien gibt es fast drei Monate **Sommerferien**: von Ende Juni bis Mitte September. Zusätzlich sind 10 Tage über Weihnachten und 7 Tage über Ostern frei. Im Sommer fahren viele Familien an den Strand, um den heißen Temperaturen in den Städten zu entkommen. Außerdem werden viele Ferienfreizeiten für Kinder angeboten.

1 Höre zu und lies leise mit, was die Kinder über sich erzählen.

2 a) Was könnten die folgenden Wörter bedeuten? Was hilft dir dabei, sie zu verstehen?

las vacaciones   horrible   genial   las montañas   el restaurante   los bares

b) Welche weiteren Wörter kannst du schon verstehen?

Las vacaciones en Ribadesella 1

Buenos días, soy Tito. Yo soy de Ribadesella. Para mí las vacaciones son el deporte, el sol, el restaurante y el hotel de papá y los chicos de Madrid. Y ella es Clara.

Hola, me llamo Clara. Soy la prima de Lucía y de Miguel. Soy de Cádiz. Para mí las vacaciones son los bares en la playa, las fiestas y el sol... ¡Adiós!

3
a) Madrid liegt im Zentrum Spaniens und ist die Hauptstadt des Landes. Die Kleinstadt Ribadesella liegt im Norden, in Asturien. Cádiz liegt hingegen im Süden, in Andalusien. Sieh dir die Spanienkarte im vorderen Umschlag an. Findest du die drei Städte?

b) Hast du schon Städte und Regionen in spanischsprachigen Ländern besucht? Wenn ja, welche? Was gab es dort zu sehen?

Am Ende der Lektion stellst du dich in einem Video deiner Gastfamilie vor. Dafür lernst du, ...
→ jemanden zu begrüßen und dich zu verabschieden.
→ dich und andere vorzustellen.
→ zu sagen, woher du kommst.
→ zu beschreiben, was du mit den Ferien verbindest.
→ zu sagen, wie es dir geht.

once **11**

1 Parte A

Zusatzmaterialien:
WES-113718-012

1 Espacio cultural

a) **Hablad en clase.** Überlegt gemeinsam:
   - Wie begrüßt ihr euch gegenseitig?
   - Begrüßen sich Mädchen anders als Jungs? Wenn ja, wie?
   - Wie begrüßt ihr eine Person, die euch gerade vorgestellt wird?

b) **Mirad el vídeo y comparad.** Seht euch die Begrüßungsszenen an und vergleicht sie mit euren Antworten von Aufgabe a).

c) Welche Begrüßungsarten aus anderen Ländern kennt ihr noch?

2 ¿Cómo te llamas?

a) **En parejas, preguntad y contestad como en el ejemplo.**
   Arbeitet zu zweit wie im Beispiel. Wechselt euch mit dem Fragen und Antworten ab.
   Ejemplo: A: «Hola, ¿cómo te llamas?» – B: «Me llamo Lucía». / «Soy Lucía».
   A: «¿De dónde eres?» – B: «Soy de Madrid».

 Lucía, Madrid
 Raúl, Madrid
 Miguel, Madrid
 Clara, Cádiz
 Tito, Ribadesella

b) **Haced diálogos.** Führt in kleinen Gruppen Dialoge. Begrüßt euch und stellt euch und ein anderes Gruppenmitglied vor. Fragt nach dem Namen und der Herkunft und verabschiedet euch.

El idioma
Sieh dir die spanischen Satzzeichen an. Was ist anders als im Deutschen?

Así se dice

So begrüßt du jemanden:
→ ¡Hola!
→ ¡Buenos días!
→ ¡Buenas tardes!
→ ¡Buenas noches!

So stellst du dich vor und fragst nach dem Namen:
→ Me llamo… / Soy… *(+ Name)*
→ Soy de… *(+ Herkunftsort)*
→ Y tú, ¿cómo te llamas?
→ Y él / ella, ¿cómo se llama?

So fragst du nach der Herkunft und antwortest darauf:
→ ¿De dónde eres? – Soy de…
→ ¿De dónde es? – Es de…

So stellst du eine Person vor:
→ Él / Ella es… *(+ Name)* / Se llama…
→ Es de… *(+ Herkunftsort)*

So verabschiedest du dich:
→ ¡Adiós!
→ ¡Hasta luego! / ¡Hasta mañana!

Zusatzmaterialien:
WES-113718-013

Parte A **1**

3 El verbo *ser*

a) **Lee y explica.** Lies, was Lucía erzählt und achte auf die unterstrichenen Wörter: Wie sagst du **soy, son, es, somos** und **eres** auf Deutsch?

> Hola, <u>soy</u> Lucía. Para mí las vacaciones <u>son</u> Ribadesella, la música y los amigos. Y él <u>es</u> Miguel. <u>Somos</u> de Madrid. Y tú, ¿de dónde <u>eres</u>?

b) **Completa la tabla.**
Vervollständige die Tabelle mit den Formen von **ser**.

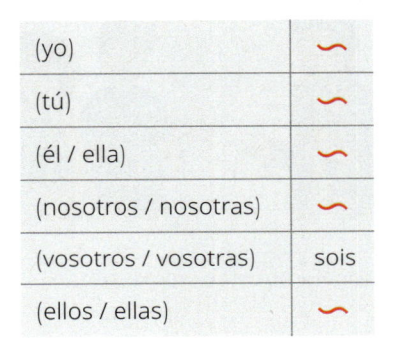

(yo)	~
(tú)	~
(él / ella)	~
(nosotros / nosotras)	~
(vosotros / vosotras)	sois
(ellos / ellas)	~

El idioma

In der linken Spalte der Tabelle stehen die spanischen Personalpronomen. Wie heißen sie auf Deutsch? Welchen Unterschied gibt es bei den Pluralformen?

c) **Escucha el rap y comprueba.** Höre dir den Rap an und überprüfe deine Tabelle.
¿Sabes conjugar el verbo ser? – ¡Claro que sí![1] – Yo…

d) **Mira el vídeo y rapea.** Sieh dir das Video zum Rap an. Lerne den Text auswendig und rappe ihn mit den entsprechenden Bewegungen mit.

e) **Jugad en clase.** Eine Person steht vor der Klasse und zeigt eine Bewegung aus dem Rap. Die Klasse nennt so schnell wie möglich das richtige Personalpronomen mit der entsprechenden Konjugation des Verbs **ser**. Dann kommt eine neue Person nach vorn.

4 A descubrir

Mirad los diálogos. Seht euch die Dialoge an. Wann verwendet man im Spanischen die Personalpronomen? Formuliert eine Regel. Wie ist das in anderen Sprachen?

> ¿De dónde **sois**?

> **Somos** de Madrid.

> ¿De dónde **sois**?

> **Él es** de Ribadesella y **yo soy** de Cádiz.

[1] Weißt du, wie man das Verb *ser* konjugiert? – Ja, klar!

1 Parte A

Zusatzmaterialien: WES-113718-014

👆 5 Tú y yo

p. 130

a) **Completa los diálogos con los pronombres personales.**
Lucía und Raúl lernen zwei neue Kinder, Sofía und Lucas, kennen. Vervollständige die Dialoge mit den passenden Personalpronomen.

1. *Sofía:* Hola, ⌒ soy Sofía. Y ⌒, ¿cómo te llamas?
   Lucía: ⌒ me llamo Lucía.
2. *Sofía:* ¿De dónde son Clara y Tito?
   Lucía: ⌒ es de Cádiz y ⌒ es de Ribadesella.
3. *Sofía:* ¿Y de dónde es Miguel?
   Lucía: ⌒ es de Madrid.
4. *Lucas:* Raúl y Clara, ¿de dónde sois?
   Raúl: ⌒ soy de Madrid y ⌒ es de Cádiz.
5. *Lucas:* ¿Cómo se llama el hermano de Lucía?
   Raúl: ⌒ se llama Miguel.
6. *Raúl:* Y ⌒, ¿de dónde eres?
   Lucas: ⌒ soy de San Sebastián.

b) **Hablad en clase.** In welchen Sätzen kann man die Personalpronomen weglassen? Warum? Sprecht in der Klasse darüber.

6 A descubrir

a) **Busca los sustantivos y haz una tabla.** Suche die Substantive und die dazugehörigen Artikel in den Texten auf den Seiten 10 und 11 und schreibe sie in eine Tabelle. Wer findet die meisten?

maskulin		feminin	
Singular	Plural	Singular	Plural
el hermano	⌒	⌒	las fiestas
⌒	⌒	⌒	⌒

> **El idioma**
> Das Wort **las vacaciones** bedeutet „die Ferien" und „der Urlaub". Es steht immer im Plural.

b) **En parejas, mirad la tabla y contestad a las preguntas.**
Seht euch zu zweit die Tabelle an und beantwortet die Fragen.
- Auf welchen Buchstaben enden die maskulinen / femininen Substantive im Singular?
- Wie lauten die bestimmten Artikel im Singular und im Plural?
- Wie wird der Plural von Substantiven gebildet?

▶ c) **Comprobad las respuestas con el vídeo.** Überprüft eure Antworten mithilfe des Erklärvideos und ergänzt bzw. korrigiert sie, wenn nötig.

Zusatzmaterialien:
WES-113718-015

Parte A 1

7 El amigo y los amigos

Trabajad en parejas. ¿Qué hay en las fotos? Arbeitet zu zweit.
Person A zeigt auf eins der acht Fotos und sagt, was darauf abgebildet ist.
Person B nennt den Singular oder den Plural des Wortes. Wechselt euch ab.
Ejemplo: A: «las chicas» – B: «la chica»

8 Aprender con estrategias

p. 143   Wenn du ein Wort auf Spanisch suchst, kannst du im **Minidiccionario** (ab Seite 176) nachschlagen, ein (Online-)Wörterbuch oder eine App nutzen. Da viele Wörter im Spanischen mehrere Bedeutungen haben, solltest du erst den gesamten Eintrag überfliegen und dann die für dich passende Übersetzung heraussuchen. Bei Online-Wörterbüchern und Apps kannst du dir zusätzlich anhören, wie das Wort ausgesprochen wird.

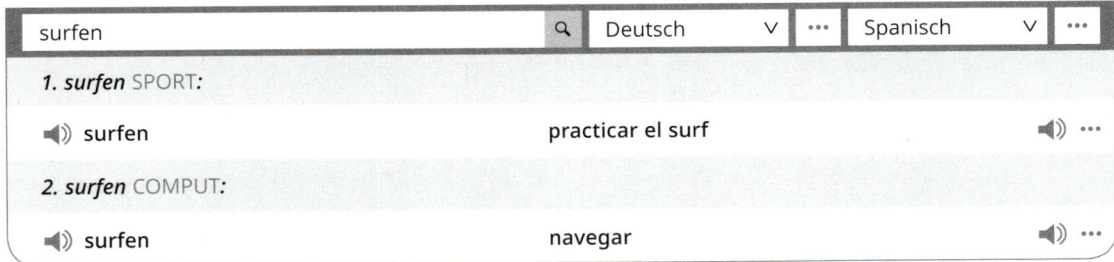

a) **Haz una lista.** Welche spanischen Wörter kennst du bereits, um über die Ferien zu sprechen? Erstelle eine digitale Wortwolke, ein Wörternetz oder ein ABC. Suche zusätzlich in einem Wörterbuch fünf bis zehn weitere Wörter, die für deine Ferien wichtig sind (Land, Ort, Aktivitäten etc.), und ergänze sie.

b) **Presenta el resultado.** Stelle das Ergebnis in der Klasse vor und erkläre, welche Wörter du nachgeschlagen hast.

Así se dice
So stellst du dein Ergebnis vor:
Para mí las vacaciones son…
La palabra… significa… en alemán.

quince **15**

Parte B

Zusatzmaterialien:
WES-113718-016

1 El verano en Ribadesella

a) **Lee el diálogo. ¿De qué trata?**
Lies den Dialog. Worum geht es?

b) **¿Cómo se dicen las siguientes expresiones en español? Buscad en el diálogo.**
Wie sagt man folgende Ausdrücke auf Spanisch? Sucht sie im Text.

1. Mit diesem Ausdruck kann man eine Person begrüßen.
2. Mit diesem Ausdruck kannst du eine Person fragen, wie es ihr geht.
3. So kann man sagen, dass es einem gut geht.
4. Mit diesem Ausdruck kann man fragen, was heute los ist.
5. So kann man sagen, dass man etwas großartig findet.

> **El país y la gente**
>
> Jeden August findet in Asturien der internationale Kanu-Wettbewerb **Descenso Internacional del Sella** statt. Die Kanus starten in Arriondas und fahren etwa 20 Kilometer den Fluss Sella hinab bis nach Ribadesella. Nach dem Rennen wird in Ribadesella die **Fiesta de las Piraguas** gefeiert.
> ▶ Sieh dir das Video an, um einen Eindruck von dem Fest zu bekommen.

Parte B 1

p. 142 **2 Aprender con estrategias**

Wenn du eine neue Sprache lernst, verstehst du meistens schon mehr Wörter in der Fremdsprache als du am Anfang denkst. Denn viele Wörter haben ähnlich lautende Entsprechungen in anderen Sprachen oder du kannst sie dir aus dem Textzusammenhang oder mithilfe von Bildern erschließen.

a) **Mirad los carteles. ¿Qué significan las palabras?** Seht euch zu zweit die Plakate an und fragt nach der Bedeutung der Wörter. Wechselt euch mit dem Fragen und Antworten ab.
Ejemplo: A: «¿Qué significa junio?» – B: «Significa… »

b) Tauscht euch anschließend darüber aus, warum ihr die Wörter verstanden habt und überprüft eure Überlegungen mithilfe eines Wörterbuchs.

c) Erklärt nun anhand der Plakate, was ihr im Sommer in Ribadesella unternehmen könnt.

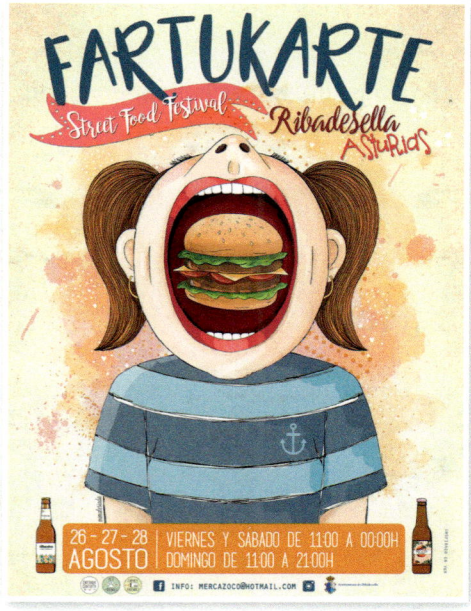

diecisiete **17**

1 Parte B

3 Carteles

a) **Mira los carteles.** Sieh dir die Plakate von Seite 17 noch einmal an. Welche Mittel (Inhalt und Gestaltung) wurden eingesetzt, um für die Veranstaltung zu werben? Welche Plakate findest du (nicht) ansprechend / gelungen und warum?

b) **Crea un cartel.** Suche dir eine Sommerveranstaltung aus deiner Region aus und entwirf ein Plakat, um spanischsprachige Touristinnen und Touristen auf sie aufmerksam zu machen. Du kannst ein Wörterbuch verwenden.

4 ¿Qué tal?

Haced diálogos en parejas. Führt zu zweit einen Dialog. Fragt euch, wie es euch geht und stellt euch vor. Ihr könnt euch vorher Notizen machen.

> **Así se dice**
>
> | So fragst du, wie es jemandem geht: | So antwortest du: |
> |---|---|
> | ¿Qué tal? / ¿Cómo estás? | 😀 (Muy) bien, gracias. / Genial. |
> | | 😐 Así, así. / Regular.   ¿Y tú? |
> | | ☹ (Muy) mal. / Fatal. |

5 ¡Hola!

p. 138

a) **¿Dónde hablan las personas? Escucha y relaciona los tres diálogos con las fotos.**
Wo unterhalten sich die Personen? Höre zu und ordne die drei Dialoge den Fotos zu.

b) **¿Cuándo hablan las personas? Escucha otra vez y relaciona.**
Wann unterhalten sich die Personen: morgens, nachmittags oder abends?
Höre dir die Dialoge noch einmal an und ordne sie den Uhrzeiten zu.
Tipp: Konzentriere dich nur auf die wichtigen Wörter – du musst nicht alles verstehen.

A 22:30   B 16:00   C 10:20

6 El alfabeto

a) Escucha y repite. Höre zu und sprich die Buchstaben und Wörter nach.

a	A	**a**diós	jota	J	**j**uego	erre	R	he**r**mano, **R**aúl
be	B	**b**ar	ka	K	**k**ilo	ese	S	**s**ol
ce	C	**C**lara, va**c**aciones	ele	L	**L**ucía	te	T	**T**ito
de	D	**d**eporte	eme	M	**M**adrid	u	U	**u**na
e	E	**e**llos	ene	N	**n**osotros	uve	V	**v**erano
efe	F	**f**iesta	eñe	Ñ	monta**ñ**a	uve doble	W	**w**indsurf
ge	G	**g**racias, **g**enial	o	O	**o**céano	equis	X	ta**x**i
hache	H	**h**otel	pe	P	**p**laya	ye	Y	**y**o
i	I	**i**dea	cu	Q	**q**ué	zeta	Z	**z**oo

b) Escucha y canta. Höre dir das Alphabet-Lied an.
Beim zweiten Mal kannst du sicher schon mitsingen.

El alfabeto, el alfabeto, ya[1] lo sé,
el alfabeto es muy fácil[2] – ¡Créeme[3]!
El alfabeto, el alfabeto, ya lo sé,
el alfabeto, pues, te enseñaré[4].

5   A, B, C, D, E, F, G,
H, I, J, K, L, M, N, Ñ,
O, P, Q, R, S, T, U,
V, W, X, Y, Z.

El alfabeto, el alfabeto, ya lo sé,
10 el alfabeto es muy fácil – ¡Créeme!
El alfabeto, el alfabeto, ya lo sé,
el alfabeto, pues, te enseñaré.

> **El idioma**
> Substantive werden im Spanischen in der Regel kleingeschrieben. Ausnahmen sind Eigennamen, zum Beispiel von Menschen, Städten und Ländern (Lucía, Madrid, Alemania).

7 ¿Cómo se escribe?

a) ¿Cómo se escribe tu nombre?
Wie schreibt man deinen Vor- und Nachnamen? Arbeitet zu zweit. Fragt euch nach eurem Namen und buchstabiert ihn euch gegenseitig.

b) Jugad en grupos. Bildet Gruppen. Eine/r buchstabiert den Namen einer berühmten Person. Wer kann als erstes den Namen der Person sagen?

¿Cómo se escribe Maja Nowak?

Maja se escribe eme – a – jota – a. Nowak se escribe ene – o – uve doble – a – ka.

> **El idioma**
> Bindestrich = guion
> ü = u con dos puntos   á = a con tilde

---

[1] **ya** schon   [2] **fácil** einfach   [3] **créeme** glaub mir   [4] **pues, te enseñaré** dann werde ich es dir beibringen

1 Parte B

Zusatzmaterialien:
WES-113718-020

Al final

Stell dir vor, du nimmst an einem Austausch mit einer Schule in Spanien teil und möchtest deiner Gastfamilie ein kurzes Video schicken. In dem Video stellst du dich vor und beschreibst, was Ferien für dich sind.

- Schreibe zuerst auf, was du erzählen möchtest.
- Lerne dann, den Text frei und gut betont zu sprechen.
- Überlege dir, vor welchem Hintergrund du dich filmen möchtest. Achte darauf, dass du nicht im Schatten stehst und nicht gegen das Licht filmst.
- Wenn du dich nicht selbst filmen möchtest, kannst du mit einem Avatar arbeiten.

- Starte die Aufnahme und wiederhole sie so oft, bis du mit dem Ergebnis zufrieden bist.

- Stellt euer Ergebnis in Kleingruppen vor und gebt euch gegenseitig Feedback zu den folgenden Punkten:
  - sprachliche Richtigkeit
  - Sprechtempo
  - Aussprache
  - Kreativität

 • Ihr wisst nicht, wie ihr ein Feedback geben sollt? Dann verwendet den Feedbackbogen, den ihr über den QR-Code bzw. Webcode herunterladen könnt.

Brauchst du Hilfe?
- Wenn du nicht weißt, wie du anfangen sollst und was du erzählen willst, kannst du dich an dieser **Struktur** orientieren:
  - Begrüßung und nach dem Befinden fragen
  - Name
  - Herkunft
  - Beschreibung der Ferien
  - Verabschiedung
- Wenn du Hilfe bei den Vokabeln brauchst, sieh dir die Seiten **Gramática y comunicación** (Seite 22-23) an.
- Wenn du nicht mehr weißt, wie das Verb **ser** konjugiert wird, sieh dir Punkt 2 auf Seite 22 an.
- Wenn dir die Verwendung der bestimmten Artikel schwerfällt, sieh dir Punkt 3 auf Seite 23 an.
- Hilfestellungen zum Drehen eines Videos findest du in den **Estrategias** (Seite 151). Dort findest du auch unterstützende Arbeitsblätter und Erklärvideos.

Algo especial 1

El español en el mundo

a) **Escucha en internet la canción *La gozadera*[1] del grupo Gente de Zona.**
Höre dir das Lied **La gozadera** genau an. Welche Namen von spanischsprachigen Ländern hörst du in dem Lied?

> **El país y la gente**
>
> **Spanisch** ist die **offizielle Sprache** in 21 Ländern und wird weltweit von ca. 500 Millionen Menschen als Muttersprache gesprochen. In den USA ist Spanisch keine offizielle Sprache, aber es leben dort fast 41 Millionen Menschen, deren Muttersprache Spanisch ist.

b) **Relacionad los nombres con los países.** Versucht zu zweit die Ländernamen den Ländern zuzuordnen. Überprüft euer Ergebnis mit der Karte hinten im Buch.

 c) **Mira el vídeo.** Sieh dir das Musikvideo zum Lied **La gozadera** an. Wie wird Lateinamerika dargestellt? Was meinst du, warum werden die Menschen im Musikvideo so gezeigt?

d) **Mira la imagen.** Sieh dir das Bild an. Welche der abgebildeten Dinge erkennst du bzw. wofür stehen sie? Welcher Eindruck entsteht durch das Bild?

e) **En parejas, cread una imagen de Alemania.** Erstellt zu zweit ein ähnliches Bild, das für euch Deutschland repräsentiert, und stellt es in der Klasse vor.

[1] la gozadera *(Lat.)* die Riesenparty

1 Gramática y comunicación

1. Jemanden begrüßen und sich verabschieden

So begrüßt du jemanden:	So verabschiedest du dich:
¡Hola!	¡Adiós!
¡Buenos días!	¡Hasta luego!
¡Buenas tardes!	¡Hasta mañana!
¡Buenas noches!	

2. Sich vorstellen und nach dem Namen fragen: das Verb **ser** und die Personalpronomen

So fragst du, wie jemand heißt:	So stellst du dich vor:	So stellst du andere vor:
¿Cómo te llamas?	Soy…	Él es… / Ella es…
	Me llamo…	Se llama…
		Ellos son… / Ellas son…

So fragst du, woher jemand kommt:	So antwortest du darauf:
¿De dónde eres?	Soy de…
¿De dónde es?	Es de…

Frage- und Ausrufezeichen werden im Spanischen an den Anfang und an das Ende der Frage / des Ausrufs gesetzt: **¡Hola! ¿Cómo te llamas?**
Wie man sie digital schreibt, kannst du in den **Estrategias** (Seite 148) nachlesen.

	Die Personalpronomen:			ser *(sein)*
Singular	1. Person	yo	(yo)	soy
	2. Person	tú	(tú)	eres
	3. Person	él / ella, usted	(él / ella)	es
Plural	1. Person	nosotros / nosotras	(nosotros/-as)	somos
	2. Person	vosotros / vosotras	(vosotros/-as)	sois
	3. Person	ellos / ellas, ustedes	(ellos / ellas)	son

Da, wo das Deutsche zwei Worte braucht *(ich bin)*, reicht im Spanischen ein Wort **(soy)** aus, denn das Personalpronomen ist in der Verbform bereits enthalten **(yo soy = soy)**.

Beachte auch die männlichen und weiblichen Pluralformen!

Usted und **ustedes** bedeuten „Sie". Du verwendest **usted**, wenn du eine Person siezt, und **ustedes** wenn du mehrere Personen siezt. In Spanien siezt man sich aber nur sehr selten.

Gramática y comunicación 1

In Lateinamerika, auf den Kanaren und in Teilen Andalusiens wird das Personalpronomen **vosotros / vosotras** nicht verwendet, auch die entsprechende Verbform nicht. Dafür wird jeweils die 3. Person Plural **ustedes** eingesetzt. Zum Beispiel:

Spanien: **Lucía y Miguel, ¿sois de Madrid? – Sí, somos de Madrid.**
Lateinamerika: **Lucía y Miguel, ¿son de Madrid? – Sí, somos de Madrid.**

Die Personalpronomen brauchst du nur,
- wenn du eine Person besonders hervorheben möchtest: <u>Yo</u> **soy Lucía y** <u>ella</u> **es Clara.**
- wenn eine Person ohne Verb steht: **¿Qué tal? –** <u>Yo</u> **muy bien. ¿Y** <u>tú</u>**?**

▶ **3. Über die Ferien sprechen:**
   die bestimmten Artikel und die Substantive

el hotel

el verano

el sol

la playa

el deporte

los amigos

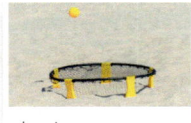
los juegos (en la playa)

los helados

las fiestas

las montañas

Im Spanischen gibt es nur maskuline und feminine Substantive.
Sächliche Substantive (= Neutra, zum Beispiel „das Hotel" im Deutschen) gibt es nicht.
Der bestimmte Artikel im Singular heißt <u>el</u> für maskuline und <u>la</u> für feminine Substantive.
Im Plural benutzt du <u>los</u> für die maskuline und <u>las</u> für die feminine Form.

Viele männliche Substantive enden auf **-o** (<u>el</u> **helad**<u>o</u>) und viele feminine auf **-a** (<u>la</u> **play**<u>a</u>).
Im Plural hängst du ein **-s** an die Endung: **los helado**<u>s</u>**, las playa**<u>s</u>.

Substantive, die auf **-e** oder **Konsonant** enden, können maskulin oder feminin sein. Bei diesen Substantiven hängst du im Plural die Endung **-s** oder **-es** an: **los restaurante**<u>s</u>**, los bar**<u>es</u>.

	maskulin	feminin
Singular	<u>el</u> chic**o**	<u>la</u> chic**a**
Plural	<u>los</u> chic**os**	<u>las</u> chic**as**
Singular	<u>el</u> hotel	<u>la</u> noche
Plural	<u>los</u> hotel**es**	<u>las</u> noche**s**

Wenn du im Spanischen von einer Gruppe mit unterschiedlichen Geschlechtern sprichst, verwendest du immer die maskuline Pluralform. „Die Jungen und Mädchen" sind also **los chicos**.

veintitrés 23

1 Repaso

1 Vocabulario / Gramática

a) **Ordena las letras y escribe las palabras.** Ordne die Buchstaben und schreibe die Wörter mit dem bestimmten Artikel im Singular (**el / la**) auf.
   Ejemplo: neorva → *el verano*

   1. eougj
   2. alpay
   3. samiúc
   4. oigam
   5. tiasfe
   6. alrtec

b) **Ordena las sílabas y escribe las palabras.** Ordne die Silben und schreibe die Wörter mit dem bestimmten Artikel im Plural (**los / las**) auf.
   Ejemplo: por – tes – de → *los deportes*

   1. mas – pri
   2. ma – her – nas
   3. dos – la – he
   4. ta – mon – ñas
   5. te – ho – les
   6. tau – res – tes – ran

c) **¿Cómo es el singular / plural?** Setze alle Wörter aus a) in den Plural und alle Wörter aus b) in den Singular.

2 Gramática

a) **Completa con los pronombres personales.** Tito unterhält sich mit Teilnehmerinnen und Teilnehmern aus seinem Surfkurs. Ergänze die passenden Personalpronomen.

   1. *Tito:* ¡Buenos días! ¿⁀ sois Emma y Rosa?
      Rosa: Sí, ⁀ es Emma y ⁀ soy Rosa.
   2. *Tito:* ¡Hola, chicos! ¿Sois los amigos de Barcelona?
      Jordi: Pues, ⁀ somos de Barcelona, pero ⁀ son de Tarragona.
   3. *Tito:* Hola, Óscar. ¿Qué tal?
      Óscar: Hola, Tito. ⁀ muy bien. ¿Y ⁀?
      Tito: Bien también, gracias.
   4. *Tito:* Y ⁀, ¿sois también amigas de Clara?
      Gabriela: Sí, ⁀ somos amigas de Clara.
   5. *Tito:* Hola, ¿⁀ eres Lorena?
      Lorena: Sí, ⁀ soy Lorena. Y ⁀ es mi primo Henri.

b) **Completa los diálogos con las formas correctas del verbo *ser*.** Ergänze in den Dialogen die richtigen Formen des Verbs **ser**.

   Bea: Hola, ¿tú (1) ⁀ Lucía?
   Lucía: Sí, (2) ⁀ Lucía. Y tú, ¿cómo te llamas?
   Bea: (3) ⁀ Bea. ¿De dónde (4) ⁀?
   Lucía: (5) ⁀ de Madrid. ¿Y tú?
   Bea: (6) ⁀ de Oviedo, pero mi papá (7) ⁀ de Alemania.

   Raúl: Hola, Tito. ¿Qué (8) ⁀ las vacaciones para ti?
   Tito: Para mí las vacaciones (9) ⁀ el deporte y el sol.

Repaso 1

3 Comprensión auditiva

a) **¿De dónde son? Escucha y relaciona.** Woher kommen die Personen?
Höre zu und ordne die Vornamen den Städten zu.
Achtung: Zwei Städte werden nicht genannt.

1. María 2. Juanjo 3. Rafael 4. Sonia y Juan

A — La Habana (Cuba)

B — Lima (Perú)

C — Buenos Aires (Argentina)

D — Sevilla (España)

E — Barcelona (España)

F — Puebla (México)

b) **Y estas personas, ¿de dónde son? Escucha y apunta los nombres de las ciudades.**
Und woher kommen diese Personen? Höre zu und notiere die spanischen Namen der Städte.

1. Lena es de ﹏.
2. Manuel es de ﹏.
3. José es de ﹏.

4 Comprensión lectora

Lee y ordena. Lies den Dialog und bringe ihn in die richtige Reihenfolge.

A. Bien, gracias. ¿De dónde eres?
B. Muy bien. ¿Y tú?
C. Hola, soy Alba. Y tú, ¿cómo te llamas?
D. Soy de Ribadesella.
E. ¡El verano en Ribadesella es genial! Yo soy de Bilbao.
F. Hola, Alba. Me llamo Xavi. ¿Qué tal?

Taller de pronunciación

Zusatzmaterialien:
WES-113718-026

1 El rap de la pronunciación

 a) **Escucha y relaciona.** Höre dir den Rap an, um einen ersten Eindruck zu bekommen. Ordne beim zweiten Hören in jeder Strophe die Textzeilen den entsprechenden Ausspracheregeln zu.

El idioma

In Lateinamerika (LA), in einigen Gegenden Südspaniens und auf den Kanarischen Inseln werden **c** und **z** vor **e** und **i** wie ein stimmloses **s** ausgesprochen.

Estribillo:	La pronunciación, la aprendo con pasión, porque el arte de hablar bien es como una canción.

Estrofa 1:

1.	[k]	c, c,	**c**omic, **c**afé, **c**ultura	A.	in Spanien: vor *e* und *i* wie ein englisches *th*
2.	[θ]	c, c,	gra**c**ias, on**c**e, Lu**c**ía	B.	vor *a, o, u* wie ein *k* im Deutschen
3.	[s]	c, c,	Lu**c**ía, gra**c**ias, on**c**e	C.	wie *tsch* in „Kutsche"
4.	[tʃ]	ch, ch,	mo**ch**ila, **ch**ico, no**ch**e	D.	in LA: wie ein stimmloses *s* in „Haus"

Estrofa 2:

1.	[g]	g, g,	**g**ato, **g**rupo, ami**g**o	A.	wie *ge* und *gi* im Deutschen, das *u* ist stumm
2.	[x]	g, g,	inteli**g**ente, **g**enial, **g**imnasio	B.	wird nicht gesprochen
3.	[g]	gui, gue,	**gui**tarra, si**gue**, Mi**gue**l	C.	vor allen Buchstaben außer *e* und *i* wie ein *g* im Deutschen
4.	[-]	h, h,	**h**elado, a**h**ora, **h**otel	D.	vor *e* und *i* wie ein *ch* in „Buch"

Estrofa 3:

1.	[x]	j, j,	**j**unio, e**j**emplo, hi**j**a	A.	wie *nj*
2.	[ʎ]	ll, ll,	**ll**amarse, e**ll**a, Ma**ll**orca	B.	wie das deutsche *ch* in „Buch"
3.	[ɲ]	ñ, ñ,	Espa**ñ**a, monta**ñ**a, a**ñ**o	C.	wie ein *k* im Deutschen, das *u* ist stumm
4.	[k]	qu, qu,	¿**qu**é?, par**qu**e, **qu**iosco	D.	ähnlich wie ein deutsches *j*

Estrofa 4:

1.	[r] [rr]	r, rr,	**r**estaurante, pe**r**o, pe**rr**o	A.	*b* und *v* klingen gleich (wie ein weiches *b*)
2.	[β]	v, b,	nue**v**e, sá**b**ado, **v**erano	B.	wie ein deutsches *j*

26 veintiséis

Zusatzmaterialien: WES-113718-027

Taller de pronunciación

3.	[j]	y, y,	yo, oye, playa	C.	in Spanien: gelispelt wie ein englisches *th*, in LA: wie ein stimmloses *s*
4.	[Θ] [s]	z (Spa), z (LA)	marzo (Spa), plaza (LA), taza (Spa)	D.	am Wortanfang und als Doppelbuchstabe stark gerollt, als einzelnes *r* in der Wortmitte schwach gerollt

b) **Rapea.** Rappe mit und ahme die Aussprache der Laute und Wörter übertrieben nach.

c) **¿Qué errores de ortografía cometen los alumnos hispanohablantes?** Was glaubst du, welche Rechtschreibfehler machen spanischsprachige Schüler/innen? Warum?

2 Juegos con sonidos

a) **Aprended las reglas de pronunciación.**
Lernt die Ausspracheregeln aus dem Rap auswendig und fragt euch gegenseitig ab. Eine Person nennt einen Laut, die andere erklärt die entsprechende Regel zum Laut.

> **El idioma**
> Die **Lautschrift** ist ein Schriftsystem, das die Aussprache von Lauten darstellt, z. B. [g] und [x]. Wenn man diese Schriftzeichen kennt, kann man sich im Wörterbuch die Aussprache der Wörter erschließen. In digitalen Wörterbüchern übernehmen Aussprachehilfen diese Funktion.

b) **Jugad a la orquesta de sonidos.**
Spielt mit den Lauten wie in einem Orchester.
- Eine Person ist Dirigent/in und zeigt ein Schild mit einem Laut in Lautschrift hoch. Die Klasse spricht so schnell wie möglich diesen Laut immer wieder aus. Es folgen andere Laute.
- Der/die Dirigent/in zeigt mit Zeichensprache zusätzlich zum Schild an, ob der Laut schnell, langsam, laut oder leise gesprochen werden soll.
- Es werden unterschiedlichen Gruppen verschiedene Laute zugeordnet und dabei in Lautstärke und Tempo variiert, sodass eine Klangcollage entsteht.

c) **Haced una competición.** Veranstaltet einen Wettbewerb.
Welcher Gruppe fallen die meisten Wörter zu einem Laut ein?
- Teilt die Klasse in zwei Gruppen ein.
- In 15 Minuten sucht ihr im Buch so viele Wörter wie möglich zu jedem Laut. Notiert sie euch.
- Es treten zwei Schüler/innen aus den Gruppen gegeneinander an. Die Lehrkraft zeigt einen Laut und die Schüler/innen rufen so schnell wie möglich ein entsprechendes Wort herein. Anschließend sind zwei andere Personen dran. Pro richtigen Wort gibt es einen Punkt. Die Gruppe mit den meisten Punkten gewinnt.

d) **Practicad la pronunciación.** Trainiert die Aussprache. Sprecht die Wörter und hört sie euch anschließend an, um eure Aussprache zu überprüfen und sie ggf. zu korrigieren.

lobo	móvil	Guillermo	ciudad	hipopótamo	coche	casa	reina
Argentina	jefe	carro	yoga	zanahoria	campaña	llave	queso

Taller de pronunciación

Zusatzmaterialien:
WES-113718-028

3 Trabalenguas

Escucha y repite. Höre dir die Zungenbrecher an und sprich sie nach. Lerne einen Zungenbrecher auswendig, der dir besonders schwerfällt. Tritt gegen jemanden anderen an und stoppt die Zeit. Wer kann den Zungenbrecher am schnellsten fehlerfrei aufsagen?

Ale**j**andro y **G**ilberto **j**uegan los **j**ueves **j**untos al a**j**edrez.

T**r**es t**r**istes tig**r**es t**r**agan t**r**igo en un t**r**igal.

Cecilia **c**ena **c**ien **c**erezas.

El **h**ipopótamo **H**ipo está con **h**ipo. ¿Quién le quita el **h**ipo al **h**ipopótamo **H**ipo?

Como po**c**o **c**oco **c**omo, po**c**o **c**oco **c**ompro.

4 ¿Dónde está el acento?

a) **Escucha y repite las palabras.** Höre zu und sprich die Wörter nach. Schreibe sie ab und unterteile die Wörter mit Strichen in Silben. Unterstreiche anschließend die Silbe, die in einem Wort betont wird.
Ejemplo: a – <u>mi</u> – go, ciu – <u>dad</u>

| fatal | alemán | la fiesta | el deporte | el helado |
| Carmen | la chica | los restaurantes |

b) **Lee la regla.** Lies die Betonungsregeln aus dem Kasten und erkläre sie einer anderen Person in eigenen Worten anhand der Beispiele von a).

> **El idioma**
> 1. Wörter, die auf einen **Vokal** oder auf **-n** oder **-s** enden, werden auf der **vorletzten Silbe** betont, z. B. *a – <u>mi</u>– go*.
> 2. Wörter, die auf einen **Konsonant** enden (aber nicht auf **-n** oder **-s**), werden auf der **letzten Silbe** betont, z. B. *ciu – <u>dad</u>*.
> 3. Alle Wörter, die anders als nach diesen Regeln betont werden, tragen einen Akzent auf der betonten Silbe, z. B. *<u>mú</u> – si – ca*.

c) **Busca ejemplos en los mapas.** Suche auf der Spanien- und Lateinamerikakarte für jede der drei Betonungsregeln drei Beispiele (Städte- oder Ländernamen).

d) **Lee los nombres de las ciudades y países.** Lies die Beispiele aus c) vor und klatsche bei der betonten Silbe in die Hände.

e) **Trabajad en parejas.** Schreibe für eine/n Mitschüler/in fünf Wörter auf. Er/Sie unterstreicht die Betonung und liest das Wort vor.

Zusatzmaterialien:
WES-113718-029

Taller de pronunciación

5 El caos de sílabas

a) **¿Qué palabra es?** Die Klasse steht im Kreis. Eine Person wird als **detective** vor die Tür geschickt. Die Klasse legt ein Wort mit drei bis fünf Silben fest. Jede/r übernimmt eine Silbe und spricht diese vor sich hin. Betritt der/die Detektiv/in den Kreis, muss er / sie heraushören, welches Wort von allen gesprochen wird.

b) **¿Qué esquina es?** Legt fest, welche Ecke im Klassenraum für welche Silbe steht: Eine Ecke steht für die Betonung der ersten Silbe, die nächste für die zweite Silbe usw. Die Lehrkraft oder ein/e Schüler/in liest laut ein spanisches Wort vor. Alle müssen nun möglichst schnell die Ecke aufsuchen, die für die in diesem Wort betonte Silbe steht.

6 Cantar frases

Handelt es sich um eine Frage, eine Aussage oder einen Ausruf? Das hängt häufig von der Sprachmelodie ab. Man muss den Inhalt „singen", um dies deutlich zu machen.

a) **Trabajad en parejas.** Arbeitet zu zweit. Nehmt euch eine Karte A vom Arbeitsblatt und probiert aus, wie der Satz als Frage, Aussage oder Ausruf klingt. Übertreibt in Gestik, Mimik und Sprachmelodie.

b) **Habla con tus compañeros.** A- und B-Karten werden in der Klasse verteilt. Geht umher, sodass A und B aufeinandertreffen. A spricht den Satz als Frage, Aussage oder Ausruf und B antwortet entsprechend. Tauscht die Karten und geht weiter.

7 Gromolo

Gromolo ist eine Fantasiesprache, die aus erfundenen Lauten besteht (zum Beispiel „bla, bla, bla").

a) **Haced un juego de rol.** Wählt zu dritt oder zu zweit eine der Situationen aus oder denkt euch eine eigene aus: Kennenlerndialog, Dialog zwischen Lehrkraft und Schüler/in, entlaufender Hund. Spielt die Szene mit übertriebener Gestik, Mimik und mithilfe der Fantasiesprache nach. Beobachtet, wie viel ihr bereits durch Körpersprache (Pantomime) und Intonation zum Ausdruck bringen könnt.

b) **Presentad la escena en español.** Spielt die Szene in Spanisch nach. Recherchiert vorher benötigtes Vokabular, aber tragt die Dialoge wie zuvor frei, mit Körpersprache und übertriebener Intonation vor. Bleibt im Sprechfluss. Wenn euch ein Wort nicht einfällt, könnt ihr es durch Fantasiesprache ersetzen.

> Eine Sprache spricht man fließend, wenn man ...
> - das Vokabular und die Grammatik gut gelernt hat und das Wissen schnell abrufbereit ist.
> - die Wörter korrekt ausspricht (Laute, Betonung).
> - während des Sprechens Wörter miteinander verbindet, sodass ein Sprachfluss entsteht.
> - den Inhalt der Aussage durch die Intonation (Sprachmelodie) zum Ausdruck bringt.

2 Mi vida en Madrid

Me llamo *Lucía García Serrano.*
Soy de ~.
Mi madre se llama ~.
Mi padre se llama ~.
Mi hermano se llama ~.
Mi mascota es *un conejo*.
Mi mejor amigo se llama ~.
Mi mejor amiga se llama ~.

El país y la gente

In Spanien haben die Menschen zwei **Nachnamen** (*apellidos*): Normalerweise stammt der erste Name vom Vater und der zweite von der Mutter. Bei einer Heirat behält jede Person ihren Nachnamen. Wie würdest du in Spanien mit vollem Namen heißen?

1

a) **Escucha y señala.** Höre zu und zeige jeweils auf das Foto, über das Lucía gerade spricht.

b) **Escucha otra vez y relaciona.** Höre noch einmal und ordne jedes der Fotos (1-5) einem oder mehreren Namen aus dem Kasten zu.

> Clara • Isabel • Víctor • Raúl •
> Rabanito • Miguel • Madrid

c) **En parejas, preguntad y contestad.** Fragt abwechselnd nach den Namen und antwortet darauf in ganzen Sätzen.
Ejemplo: A: «¿Cómo se llama el hermano de Lucía?»
B: «El hermano de Lucía se llama… ».

El idioma

🇩🇪 Lucías Bruder

🇬🇧 Lucía's brother

🇪🇸 **el** hermano **de** Lucía

Vergleiche. Was fällt dir auf?

Zusatzmaterialien:
WES-113718-031

Mi vida en Madrid 2

2 **Ahora tú. Presenta a tu familia.**
Nenne deinen Namen und die deiner Familienmitglieder.
Ejemplo: Me llamo…
Mi madre se llama…

3 **Escucha y completa la ficha de Raúl.** Auch Raúl möchte eine Karte wie die von Lucía ausfüllen (siehe Seite 30 oben). Höre zu und fülle die Karte über ihn aus.

Am Ende der Lektion erstellst du einen Steckbrief über dich und stellst ihn mündlich vor.
Dazu lernst du, …
→ dein Alter anzugeben.
→ über deine Familie und deine Haustiere zu sprechen.
→ eine Aussage zu verneinen.
→ dich zu einer bestimmten Tageszeit an einem Ort zu verabreden.

treinta y uno **31**

2 Parte A

Zusatzmaterialien: WES-113718-032

🔊 1 En el parque

a) **Mira las imágenes.** Sieh dir die Bilder an.
Was wird in der Geschichte wohl passieren?

Omar:	¡Copito! ¡Copiiiito!
Lucía:	¿Copito? ¿Quién es Copito?
Omar:	Ah, ¡hola! Copito es mi perro, y yo soy Omar. ¿Y vosotros?
5 *Raúl:*	Yo me llamo Raúl y ellos son Lucía y Miguel.
Omar:	¿Sois de Madrid?
Miguel:	Sí, ¿y tú? ¿No eres de Madrid?
Omar:	No, no soy de Madrid. Soy de Cardedeu, una ciudad cerca de Barcelona.
10	Pero sí, ahora mi barrio en Madrid se llama La Latina.
Lucía:	Ah, ¿sí? ¡Genial! ¡Nosotros somos de La Latina!

Raúl:	Oye, Omar, ¿cuántos años tienes?
15 *Omar:*	Tengo doce años. Y vosotros, ¿cuántos años tenéis?
Raúl:	¡Lucía y yo también tenemos doce años!
Lucía:	Sí, y mi hermano tiene nueve años.
Omar:	Ah, ¿sois hermanos?
20 *Miguel:*	Sí, Lucía es mi hermana. Y tú, ¿tienes hermanos?
Omar:	No, no tengo hermanos. Pero tengo un perro y tres hámsteres.
Miguel:	¿Tienes cuatro mascotas? ¡Genial!
25	Nosotros tenemos un conejo. Se llama Rabanito.
Lucía:	¿Y Copito?
Omar:	Copito, mmm… ah, ¡hola, Copito!

El país y la gente

La Latina ist ein Stadtviertel im Zentrum von Madrid.
Madrid ist die Hauptstadt Spaniens und zugleich die Hauptstadt der gleichnamigen **comunidad autónoma.** Das ist eine Art Bundesland. Findet zu zweit heraus, wie viele **comunidades autónomas** es in Spanien gibt und wie sie heißen.
Kommen euch einige Namen bekannt vor? Woher?

Parte A 2

p. 130
p. 138

b) **Lee el texto y elige la frase correcta.**
Lies den Text und wähle das richtige Satzende aus.

1. Los chicos en el parque son…
   a. Lucía, Miguel y Clara.
   b. Lucía, Miguel, Raúl y Copito.
   c. Lucía, Miguel, Tito y Omar.
   d. Lucía, Miguel, Raúl y Omar.

2. Omar es…
   a. de Barcelona.
   b. de Madrid.
   c. de Cardedeu.
   d. de La Latina.

3. Cardedeu es una ciudad…
   a. cerca de Madrid.
   b. cerca de Barcelona.
   c. cerca de Ribadesella.
   d. cerca de Cádiz.

4. Omar tiene…
   a. cuatro años.
   b. doce años.
   c. nueve años.
   d. tres años.

5. Omar tiene…
   a. un perro y tres conejos.
   b. tres perros.
   c. un perro, un conejo y un hámster.
   d. un perro y tres hámsteres.

6. Lucía tiene…
   a. un conejo.
   b. cuatro mascotas.
   c. un hermano, pero no tiene mascotas.
   d. un perro y un conejo.

2 No, no soy de Madrid

a) **Contesta a las preguntas.** Beantworte die Fragen.
   • Wie übersetzt du die Sätze aus den Sprechblasen ins Deutsche?
   • Was bedeutet in jedem Satz das erste **no**, und was das zweite?
   • Wie ist das auf Deutsch und in anderen Sprachen, die du kennst?

b) **Corrige las frases.** Verneine die Aussagen und korrigiere sie.
   Ejemplo: Lucía es de Barcelona.
   → No, Lucía no es de Barcelona. Lucía es de Madrid.

1. Lucía y Miguel son amigos.
2. Raúl tiene nueve años.
3. Lucía tiene cuatro mascotas.
4. Miguel es el hermano de Omar.
5. Omar tiene cuatro hermanos.
6. Miguel tiene tres perros.

c) **Preguntad y contestad como en el ejemplo.** Fragt und antwortet wie im Beispiel.

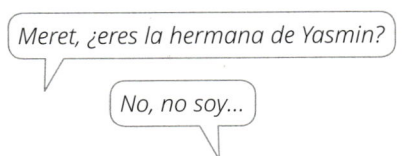

treinta y tres 33

3 Aprender con estrategias

Wenn du üben möchtest, flüssig und sinnbetont zu sprechen, hilft es, mit einzelnen Wörtern stimmlich zu experimentieren und Texte mehrmals laut vorzulesen.

a) **Experimentad con la voz.** Experimentiert mit eurer Stimme. Bildet Kleingruppen und sucht euch mindestens fünf spanische Wörter aus, die ihr bisher nicht so leicht aussprechen könnt, z. B. **ciudad, barrio, conejo, apellido** und **gracias**. Würfelt. Die Zahl gibt an, in welcher Stimmung ihr die Wörter gemeinsam aussprechen sollt.

b) **Experimentad con frases.** Experimentiert mit Sätzen. Wählt Sätze aus dem Text von Seite 32 aus und erwürfelt wieder die Stimmung. Achtet darauf, wie sich die Bedeutung verändern kann, je nachdem, in welcher Stimmung ihr sprecht.

c) **Escuchad el texto.** Hört den Text von Seite 32 an und achtet darauf, wie die Sätze betont werden. Übt beim zweiten Hören, den Text mitzusprechen.

d) **Leed el texto.** Entscheidet, wer welche Person spricht. Lest dann den Text gemeinsam mehrmals laut vor und achtet auf die Betonung. Helft und überprüft euch gegenseitig.

e) **Representad la escena.** Lerne deinen Part auswendig und präsentiert die Szene in der Klasse. Alternativ könnt ihr ein Audio aufnehmen und vorspielen.

4 Los números

a) **Lee los números. Después, escucha y ordena**. Lies die Zahlen im Kasten. Dann höre zu und schreibe die Zahlen in der richtigen Reihenfolge auf.

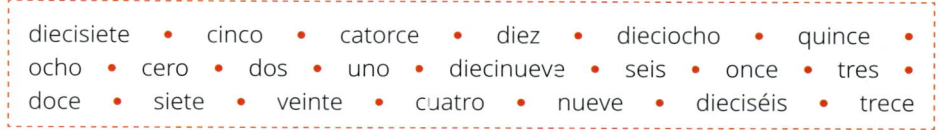

b) **Jugad en grupos pequeños.** Spielt in Kleingruppen. Zählt reihum auf Spanisch bis 20 und ersetzt alle Zahlen, in denen eine 3 vorkommt oder die durch 3 teilbar sind, durch das Wort „tac". Legt danach eine neue Zahl fest.

5 En la estación

a) **Escucha y ayuda a los turistas.** Am Bahnhof in Madrid werden wegen eines technischen Defekts nicht alle Gleisnummern angezeigt. Drei deutsche Touristen, die mit dir warten, wollen nach Toledo, Valencia und Pamplona reisen. Höre die Ansagen und sage jedem von ihnen, von welchem Gleis ihr Zug abfährt.

b) **Busca las tres ciudades del ejercicio a) en el mapa.** Suche die in a) genannten Städte auf der Landkarte im vorderen Einband. In welchen *comunidades autónomas* liegen sie?

6 A descubrir

a) **Mira el texto.** Sieh dir im Text auf Seite 32 an, wie sich die Jugendlichen nach ihrem Alter fragen und wie sie sagen, wie alt sie sind. Welches Verb benutzen sie und was bedeutet es? Notiere alle Verbformen, die im Text vorkommen. Kennst du eine andere Sprache, in der das auch so ist?

b) **Ordena las formas.** Notiere die Formen, die du in a) gefunden hast, und ordne sie den Personalpronomen zu.

(yo) ⁓, (tú) ⁓, (él / ella) ⁓, (nosotros / nosotras) ⁓, (vosotros / vosotras) ⁓, (ellos / ellas) **tienen**

c) **Escucha y rapea.** Höre dir den Rap zu den Formen von *tener* an und rappe ihn mit.
¿Sabes conjugar el verbo *tener*? – ¡Claro que sí! – Yo…

7 ¿Cuántos años tienen?

En parejas, preguntad y contestad. Fragt abwechselnd nach dem Alter der Jugendlichen und antwortet darauf. Fragt euch zuletzt auch nach eurem Alter.
Ejemplo: A: «¿Cuántos años tiene Copito?» – B: «Copito tiene cinco años».

Copito: 5

Miguel: 9  | Clara: 13  | Lucía y Raúl: 12  | Tito: 15  | Omar: 12 | ¿tú? yo

2 Parte A

Zusatzmaterialien:
WES-113718-036

8 El conejo Rabanito

Lucía habla de Miguel y Rabanito. Completa el texto. Lucía erzählt von Miguel und Rabanito. Vervollständige den Text mit den richtigen Formen von **tener** in deinem Heft.

(1) ⌢ un hermano, Miguel. Yo (2) ⌢ doce años y Miguel (3) ⌢ nueve años. Miguel y yo (4) ⌢ un conejo. Se llama Rabanito y (5) ⌢ dos años.
¡Rabanito es genial! Y los conejos siempre[1] (6) ⌢ hambre[2]. Miguel siempre dice[3]: «Rabanito, ¿(7) ⌢ hambre? ¿Eres como[4] yo!». Jaja, ¡mi hermano es genial! Y vosotros, ¿(8) ⌢ mascotas?

9 Las mascotas

a) En parejas, escuchad el audio y relacionad.
Hört das Audio an und überlegt zu zweit, welches der Tiere von den Fotos jeweils zu hören ist.

> El número uno es un perro.

> Sí, es así.

> No, no es así.
> El número uno es...

Así se dice

So stimmst du einer Aussage zu:
Sí, es así.

So widersprichst du:
No, no es así.

- un perro
- un gato 
- un conejo 
- un conejillo de Indias 
- un hámster 
- un periquito 
- un pez 
- una tortuga 
- un caballo 

---

36 treinta y seis

[1]**siempre** immer [2]**el hambre** der Hunger [3]**él/ella dice** er/sie sagt [4]**como** wie

Parte A 2

b) Trabajad en parejas. A dice la palabra y B dice el singular o el plural. Arbeitet zu zweit. Person A nennt eines der folgenden Wörter und Person B nennt den Singular oder den Plural. Verwendet den unbestimmten Artikel.

unas mascotas   un conejo   un gato
unos periquitos   unos caballos
una tortuga   un pez   un perro
unos hámsteres   un conejillo de Indias

> **El idioma**
> un – un**a**
> un**os** – un**as**
> Den Plural des unbestimmten Artikels ein / eine kannst du mit einige übersetzen.

> **El idioma**
> Substantive, die auf **-z** enden, werden im Plural mit **c** geschrieben: **un pez – unos pe<u>c</u>es**. Die Aussprache bleibt gleich.

10 ¿Tienes hermanos?

a) Habla con tus compañeros/-as. Gehe im Klassenraum herum und sprich mit deinen Mitschüler/innen. Fragt euch nach eurem Alter, euren Familienmitgliedern und Haustieren und notiert die Antworten.

> **Así se dice**
>
> **So fragst du nach der Familie:**
> ¿Tienes hermanos / primos?
>
> ¿Cómo se llama tu padre / tu hermana / tu …?
>
> **So antwortest du darauf:**
> Sí, tengo un hermano / dos primos / …
> No, no tengo hermanos / primos.
> Mi padre / Mi hermana / Mi … se llama…
>
> **So fragst du nach Haustieren:**
> ¿Tienes mascotas?
>
> ¿Cómo se llama tu mascota?
>
> **So antwortest du darauf:**
> Sí, tengo un perro / dos mascotas / …
> No, no tengo mascotas.
> Mi mascota se llama…

b) Presentad los resultados en clase. Stellt nun mithilfe eurer Notizen aus a) vor, was eure Mitschüler/innen erzählt haben.
   Ejemplo: David tiene… años. El padre de David se llama…
   David no tiene hermanos, pero tiene…

11 Mi mascota

Presenta a tu mascota. Stelle dein Haustier vor. Fülle den Steckbrief aus und füge ein gemaltes Bild, ein Foto oder ein Video hinzu. Wenn du kein Haustier hast, adoptiere eines der Tiere von Seite 36 und gib ihm einen Namen.

Hola, me llamo 🐾 y tengo 🐾 años.
Mi mascota es un 🐾 / una 🐾.
Se llama 🐾 y tiene 🐾 años.
…

2 Parte A

12 Mi amiga no tiene mascotas

Forma como mínimo seis frases y comparad en clase.
Bilde mindestens sechs logische Sätze und vergleicht sie in der Klasse.
Ejemplo: Miguel y yo somos amigos.

(Yo) (Tú) Omar Mi amiga Miguel y yo (Vosotros / Vosotras) Lucía y Raúl ...	(no)	ser tener	... años. de Madrid / de Cardedeu / de... dos / tres / ... mascotas. el amigo / la amiga de... un conejo / un perro / un pez / ... una tortuga / ... hermanos / amigos / primos. ...

p. 148

13 Hola, ¿cómo te llamas?

Jugad en grupos. Spielt in Gruppen. Drei Jugendliche lernen sich im Park kennen. Entwerft Rollenkarten wie die von Miguel, Laura und Tomás und bereitet ein Gespräch vor. Ihr könnt auch diese Karten verwenden.

- Wählt einen Vornamen aus der Liste aus, erfindet die restlichen Angaben (Alter, Ort etc.) und schreibt sie auf.
- Verteilt die Rollen. Jede Person prägt sich seine / ihre Rolle ein.
- Probt das Gespräch mehrmals. Ihr
  – begrüßt euch und stellt euch vor,
  – fragt euch gegenseitig nach den Informationen,
  – verabschiedet euch.
- Spielt die Szene frei in der Klasse vor.

Miguel
9 años
Madrid
hermanos: Lucía
mascotas: un conejo
amigos: Andrei y Aitor

• Abel • Amaia • Dani • Elena • Guadalupe • Ignacio • Miren • Nadia • Nima • Luisa • Marcos • Karim

Laura
12 años
Granada
hermanos: Rico, Inés
mascotas: /
amigos: Sara y Álex

Tomás
13 años
Toledo
hermanos: /
mascotas: un gato
amigos: Gabriela y Nelia

Parte B 2

🔊 1 ¿Quedamos?

a) **En parejas, mirad el texto y hablad.** Überfliegt zu zweit den Text. Um was für einen Text handelt es sich? Wer kommuniziert miteinander und um welche Themen geht es?

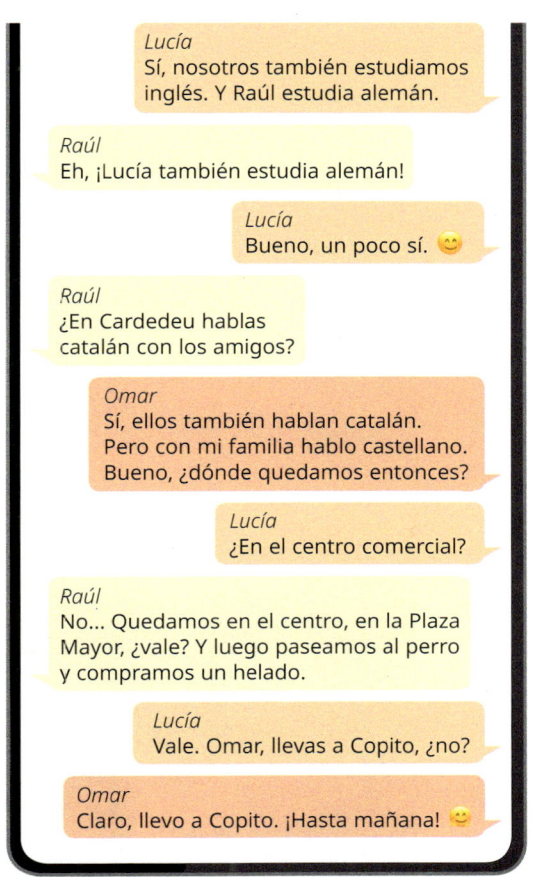

Amigos Madrid
Lucía, Omar, Raúl

Raúl
Hola, chicos. ¿Quedamos hoy por la tarde y hablamos?

Lucía
No tengo tiempo. Paso la tarde en el cine con Miguel y luego en casa grabo un vídeo para mi prima Clara.

Raúl
¿Cuándo quedamos entonces? ¿Hoy por la noche?

Lucía
Mañana por la mañana, ¿vale?

Raúl
¡Genial! ¿Omar?

Omar
D'acord!

Lucía
Oye, ¿hablas catalán? 😳

Omar
Sí, hablo catalán, castellano y un poco de inglés. Estudio inglés en el instituto. Vosotros también estudiáis inglés, ¿no?

Lucía
Sí, nosotros también estudiamos inglés. Y Raúl estudia alemán.

Raúl
Eh, ¡Lucía también estudia alemán!

Lucía
Bueno, un poco sí. 😊

Raúl
¿En Cardedeu hablas catalán con los amigos?

Omar
Sí, ellos también hablan catalán. Pero con mi familia hablo castellano. Bueno, ¿dónde quedamos entonces?

Lucía
¿En el centro comercial?

Raúl
No... Quedamos en el centro, en la Plaza Mayor, ¿vale? Y luego paseamos al perro y compramos un helado.

Lucía
Vale. Omar, llevas a Copito, ¿no?

Omar
Claro, llevo a Copito. ¡Hasta mañana! 😊

> **El país y la gente**
>
> Neben Spanisch (*español* oder *castellano*) sind auch die regionalen Sprachen Katalanisch (*catalán*), Baskisch (*vasco*), Galicisch (*gallego*), Valenzianisch (*valenciano*) und Aranesisch (*aranés*) **offizielle Sprachen** Spaniens. Recherchiert zu zweit, in welchen Teilen Spaniens sie gesprochen werden, und sucht die Regionen auf der Karte. Wie sagt man in einer dieser Sprachen „tschüss"?

b) **Lee el texto y relaciona las frases.** Lies den Text und verbinde die Satzteile.
Ein Satzende bleibt übrig.

1. Hoy por la tarde Lucía...
2. Lucía queda con Miguel...
3. Omar habla...
4. Lucía y Raúl hablan...
5. Los chicos quedan...

A. castellano, inglés y un poco de alemán.
B. graba un vídeo para Miguel.
C. en el cine hoy por la tarde.
D. no tiene tiempo.
E. en el centro mañana por la mañana.
F. catalán, castellano y un poco de inglés.

Parte B

2 No, no es así

Mira la imagen, encuentra los errores y completa las frases. Am nächsten Tag treffen sich die Freunde wie abgemacht. In das Bild haben sich im Vergleich zum Text von Seite 39 vier Fehler eingeschlichen. Vervollständige die Sätze und korrigiere sie.
Ejemplo: Los chicos no quedan en la playa. Quedan en…

1. Los chicos no quedan en…
2. Los chicos no son…
3. Los chicos no quedan por…
4. Omar no tiene…

3 ¿Dónde y cuándo quedamos?

a) **En parejas, haced diálogos.** Arbeitet zu zweit und verabredet euch wie im Beispiel. Verwendet die Orte und Tageszeiten von den Fotos auf Seite 41.

A: ¿Dónde quedamos?
B: Quedamos en la plaza, ¿vale?
A: Vale. ¿Cuándo quedamos?
B: Quedamos hoy por la noche.
A: Sí, vale. /
 No, hoy por la noche no tengo tiempo. Quedamos mañana por la tarde / por la mañana.

Así se dice

Wann genau **por la mañana / tarde / noche** verwendet werden, ist von Region zu Region unterschiedlich. Grundsätzlich gilt in Spanien:
por la mañana – bis ca. 12:30 Uhr bzw. bis zum Mittagessen
por la tarde – von 12:30 Uhr bis ca. 20:30 Uhr
por la noche – etwa ab 20:30 Uhr

Parte B 2

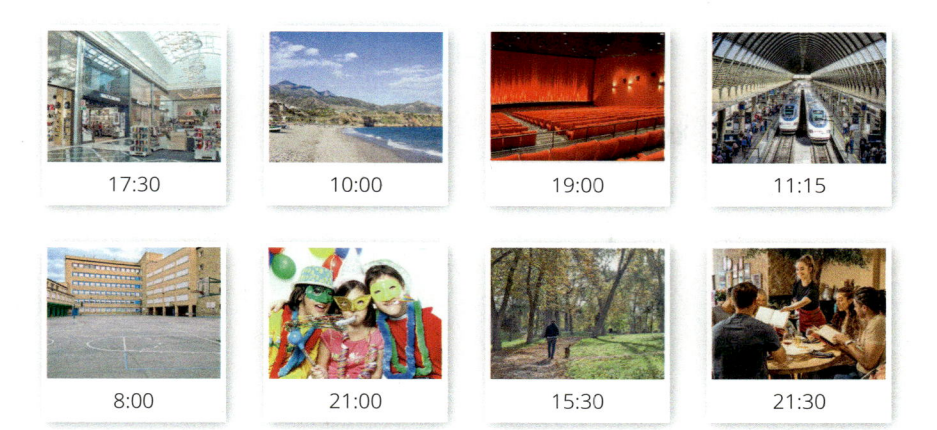

17:30	10:00	19:00	11:15
8:00	21:00	15:30	21:30

b) **Queda con tus compañeros/-as.** Gehe im Klassenraum herum und verabrede dich nacheinander mit drei Personen. Legt fest, wo und zu welcher Tageszeit ihr euch heute oder morgen treffen wollt. Mache dir Notizen.

c) **Presenta tus resultados.** Stelle mithilfe deiner Notizen aus b) vor, mit wem du wann und wo verabredet bist.
 Ejemplo: Alex y yo quedamos hoy por la tarde en mi casa.

4 A descubrir

a) **Copia la tabla y completa las casillas amarillas.** Schreibe die Tabelle ab oder benutze die Vorlage. Suche die Formen der Verben auf **-ar** im Text auf Seite 39 und schreibe sie in die gelben Kästchen.

	habl**ar**	estudi**ar**	llev**ar**
(yo)	~	~	~
(tú)	~		~
(él / ella)		~	
(nosotros / nosotras)	~	~	
(vosotros / vosotras)		~	
(ellos / ellas)	~		

b) **Formula una regla y completa la tabla.** Sieh dir die erste Zeile der Tabelle an. Die Endungen der Verben sind dort hervorgehoben. Markiere auch in deiner Tabelle die Endungen aller Formen. Formuliere eine Regel, bilde dann die fehlenden Formen und vervollständige die Tabelle.

c) **Escucha y rapea.** Höre zu und rappe die Verben auf **-ar**.

2 Parte B

Zusatzmaterialien: WES-113718-042

5 Estudiamos

Jugad en parejas. Spielt zu zweit. A würfelt das Personalpronomen und gibt das Verb vor. B bildet die entsprechende Verbform und schreibt sie auf. A überprüft und korrigiert. Denkt daran, dass die Personalpronomen in der Verbendung enthalten sind. Wechselt euch ab.

Ejemplo: ⚄ *estudiar* → *estudiamos*

estudiar grabar hablar quedar llevar pasar

⚀ = (yo)
⚁ = (tú)
⚂ = (él/ella)
⚃ = (nosotros/-as)
⚄ = (vosotros/-as)
⚅ = (ellos/-as)

6 Pasáis la tarde con los amigos

p. 138

a) **Forma por lo menos seis frases.** Bilde mindestens sechs Sätze. Dann vergleicht in der Klasse.
Ejemplo: Omar y yo quedamos en el parque.

(Yo)	*comprar* un helado	en un bar en la playa.
(Tú)	*estudiar*	de las vacaciones.
Raúl	*grabar* un vídeo	con los amigos.
Omar y yo	*hablar*	de los amigos.
(Vosotros / Vosotras)	*pasar* la tarde	español y alemán.
Miguel y Lucía	*pasear* al perro	en el parque.
	quedar	con Miguel.
	...	...

b) **Ahora tú. Forma cinco frases.** Bilde fünf Sätze über dich.

¿Qué idiomas estudias?   ¿Cuándo quedas con los amigos?   ¿Dónde quedáis hoy?

7 Mi amigo Omar

Lucía escribe un e-mail a su prima Clara y habla de su amigo Omar.
Lucía schreibt Clara eine E-Mail und erzählt von ihrem neuen Freund Omar.

a) **Apunta información sobre Omar.** Was weißt du über Omar? Schau noch einmal in die Texte auf Seite 32 und Seite 39 und notiere dir Stichpunkte.

p. 131

b) **Escribe el e-mail de Lucía.** Schreibe Lucías E-Mail. Übernimm die für E-Mails typischen Ausdrücke zur Begrüßung und zum Abschied aus dem Kasten **Así se dice**.

Así se dice

So beginnst du eine E-Mail:
Hola, Clara: / Hola, ... :
¿Qué tal? ...

So verabschiedest du dich:
Adiós. / Hasta luego. / Hasta mañana.
Lucía

Zusatzmaterialien:
WES-113718-043

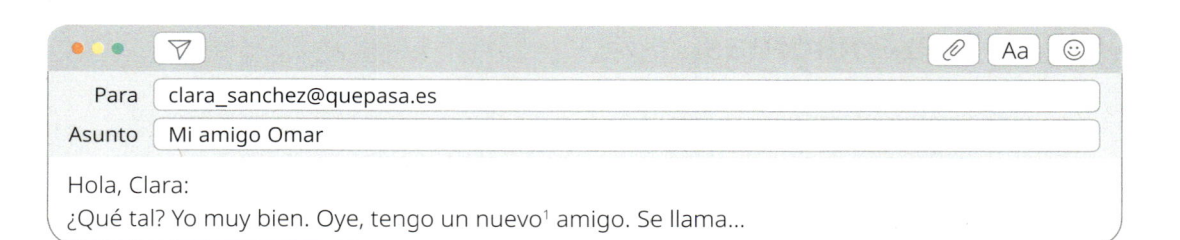

Parte B 2

Para clara_sanchez@quepasa.es
Asunto Mi amigo Omar

Hola, Clara:
¿Qué tal? Yo muy bien. Oye, tengo un nuevo[1] amigo. Se llama...

p. 147 **c) Intercambia el texto con tu compañero/-a. Corrige el texto de tu compañero/-a.**
Tausche den Text mit deinem Partner/deiner Partnerin und korrigiert euch gegenseitig.

El idioma

🇩🇪	🇪🇸	🇫🇷	🇬🇧
Hallo Edgar, wie geht es dir? ...	Hola, Edgar: ¿Qué tal? ...	Bonjour Edgar, Ça va? ...	Dear Edgar, How are you? ...

Vergleiche die E-Mail-Anfänge in den verschiedenen Sprachen. Was fällt dir auf?

▶ 8 Un mensaje de Martín

a) **Mira el vídeo de Martín y completa las frases.** Dein Austauschpartner Martín hat dir ein Video geschickt. Sieh es dir an und vervollständige die Sätze.

1. Martín tiene ⁓ años.
2. Es de ⁓.
3. El ⁓ de Martín se llama Joan.
4. La mascota de Martín es ⁓.
5. Habla ⁓ y ⁓.
6. Para Martín, su[2] ciudad es el sol, ⁓, ⁓ y ⁓.

b) **Mira el vídeo otra vez y elige las actividades correctas.**
Sieh das Video noch einmal an und wähle aus, von welchen Aktivitäten Martín spricht.

[1] **nuevo** neu [2] **su** sein/e

2 Parte B

Zusatzmaterialien:
WES-113718-044

p. 150

9 Entre idiomas

Lee el e-mail y presenta la familia de Beatriz a tus padres. Du hast eine E-Mail von deiner Austauschpartnerin erhalten und deine Eltern möchten wissen, was sie über ihre Familienmitglieder erzählt. Lies die E-Mail und gib wieder, was Beatriz über ihre Familie und ihr Haustier schreibt.

Para: ...
Asunto: Mi familia

Hola:
¿Qué tal? Soy Beatriz, tu compañera de intercambio. Tengo trece años y soy de Sevilla, una ciudad del sur de España. En mi familia somos muchos: mi madre María, mi padre Antonio, mi hermana Isabel y mis hermanos Abel y Manuel. Isabel es genial, tiene quince años y es una de mis mejores amigas. Mis hermanos… bueno, ya los vas a conocer, jaja. Son peques, tienen cinco y siete años.
Por la mañana voy al instituto y por la tarde paso mucho tiempo con mi hermana y con mis amigos, son muy majos, ya vas a ver. Quedamos con mis amigos en el centro o en el parque y hablamos. También paso mucho tiempo con mi gato, Michi. Tiene tres años y es genial.
Hasta luego,
Beatriz

Al final

Du möchtest an einem Austausch nach Spanien teilnehmen und dich deiner spanischen Familie vorstellen. Fülle dafür einen Steckbrief aus und stelle diesen mündlich in der Klasse vor.

Für den Steckbrief kannst du dich an Lucías Freundebucheintrag auf Seite 30 orientieren und weitere Zeilen ergänzen. Schreibe zum Beispiel
- wie du heißt,
- wie alt du bist,
- woher du kommst,
- wer zu deiner Familie gehört,
- ob du Haustiere hast,
- wer deine Freunde sind,
- wann und wo du deine Freunde triffst,
- was du mit ihnen unternimmst.

Gebt euch nach den Präsentationen gegenseitig ein Feedback. Ihr könnt dafür den Feedbackbogen nutzen, den ihr über den QR-Code bzw. Webcode herunterladen könnt.

Brauchst du Hilfe?
Dann nutze das Arbeitsblatt, das du über den QR-Code bzw. Webcode herunterladen kannst.

Algo especial 2

Un día en Madrid

a) Du verbringst einen Tag in Madrid und möchtest mit deiner Mutter in der **Chocolatería San Ginés** eine Pause machen. Deine Mutter möchte einen Cappuccino trinken.
Du nimmst eine heiße Schokolade und sechs **churros**. Wie viel müsst ihr bezahlen?

Nuestros clásicos

chocolate con 6 churros	5,90 €
chocolate	3,50 €
chocolate con nata	4,50 €
ración de 6 churros	2,40 €
café solo o infusión	2,00 €
café con leche y 6 churros	4,40 €
café vienés o capuchino	2,60 €
vaso de leche	1,80 €
ración de tarta	2,60 €

b) Du bist um 15 Uhr mit einem Freund / einer Freundin im Retiro Park verabredet. Wann könnt ihr ein Boot mieten und wie lange dauert die Fahrt?

Horario habitual embarcadero
De lunes a domingo de 10:00 a 14:00 y de 15:30 a 18:30.
Cierra entre las 18:30 y las 20:00, en función de la época del año.
Cierra el 24, el 25 y el 31 de diciembre y el 1 de enero.
Entran 4 personas máximo por barca y la actividad dura 45 minutos.

c) Abends besuchst du das Fußballstadion von Real Madrid. Du befindest dich an der Metrostation **Santiago Bernabéu** und möchtest mit der Linie 1 zurück zu deiner Unterkunft fahren. An welcher Haltestelle musst du umsteigen?

2 Gramática y comunicación

1. Das Alter angeben: das Verb **tener** und die Zahlen bis 20

So fragst du, wie alt jemand ist:	So antwortest du darauf:
¿Cuántos años tienes?	Tengo … años.
¿Cuántos años tiene …?	(Él / Ella) tiene … años.

Das Verb **tener** bedeutet „haben" oder „besitzen". Im Spanischen benutzt du es aber auch, um zu sagen, wie alt du bist. So heißt **¿Cuántos años tienes?** wörtlich übersetzt „Wie viele Jahre hast du?"
Tener ist ein unregelmäßiges Verb. Deswegen musst du die Konjugation auswendig lernen.

	tener *(haben, besitzen)*
(yo)	tengo
(tú)	tienes
(él / ella)	tiene
(nosotros/-as)	tenemos
(vosotros/-as)	tenéis
(ellos / ellas)	tienen

Los números:

0	cero		
1	uno	11	once
2	dos	12	doce
3	tres	13	trece
4	cuatro	14	catorce
5	cinco	15	quince
6	seis	16	dieciséis
7	siete	17	diecisiete
8	ocho	18	dieciocho
9	nueve	19	diecinueve
10	diez	20	veinte

2. Über Familie und Haustiere sprechen: der unbestimmte Artikel

So fragst du nach Familie und Haustieren:	So antwortest du darauf:
¿Tienes hermanos?	Tengo un hermano / una hermana / una mascota.
¿Tienes mascotas?	Tengo dos hermanos / tres mascotas.
	No tengo hermanos / mascotas.
¿Cómo se llama tu padre / tu mascota / tu …?	Mi padre / Mi mascota / Mi … se llama…

	maskulin	feminin
Singular	un gato	una tortuga
Plural	unos gatos	unas tortugas

Im Plural kannst du den unbestimmten Artikel ein / eine mit einige oder (vor Zahlen) mit ungefähr übersetzen: **Tengo unos periquitos.** Ich habe einige Wellensittiche.
Tengo unos quince peces. Ich habe ungefähr fünfzehn Fische.

las mascotas: un perro, un gato, un conejo, un conejillo de Indias,
un hámster, un periquito, un pez, una tortuga, un caballo

Gramática y comunicación 2

un canario*

un loro*

un ratón*

3. Einer Aussage zustimmen oder widersprechen

So stimmst du einer Aussage zu:	So verneinst du eine Aussage:
Copito es el perro de Omar. → Sí, es así. → Sí, Copito es el perro de Omar.	Raúl tiene mascotas. → No, no es así. → No, Raúl no tiene mascotas.

Mit dem Wort **no** verneinst du Sätze.
- Steht **no** allein, bedeutet es <u>nein</u>, und verneint den ganzen Satz:
  ¿Tienes hermanos? – **No, pero tengo primos.**
  Hast du Geschwister? – <u>Nein</u>, aber ich habe Cousins.
- Steht **no** vor dem konjugierten Verb, bedeutet es <u>nicht</u> oder <u>kein</u>:
  Raúl <u>no</u> es el hermano de Lucía. **Raúl <u>no</u> tiene hermanos.**
  Raúl ist <u>nicht</u> Lucías Bruder. Raúl hat <u>keine</u> Geschwister.

▶ 4. Sich verabreden: die Tageszeiten und die Verben auf -ar

So fragst du nach Ort und Zeit:	So schlägst du Ort und Zeit vor:	So nimmst du einen Vorschlag an oder lehnst ihn ab:
¿Dónde quedamos? ¿Cuándo quedamos?	Quedamos en el centro, ¿vale? Quedamos hoy / mañana. Quedamos por la mañana / por la tarde / por la noche.	Sí, vale. / Genial. No, hoy no tengo tiempo. No, hoy quedo con… No, hoy paso la tarde con… / en…

qued**ar** *(sich verabreden)*	
(yo)	qued**o**
(tú)	qued**as**
(él / ella)	qued**a**
(nosotros/-as)	qued**amos**
(vosotros/-as)	qued**áis**
(ellos / ellas)	qued**an**

Die regelmäßigen Verben unterteilt man im Spanischen je nach Endung des Infinitivs in drei verschiedene Konjugationsgruppen. In diesem Kapitel hast du die Konjugationsgruppe der regelmäßigen Verben auf **-ar** kennengelernt.

*Diese Wörter kannst du zusätzlich lernen.

3 En mi barrio

un instituto

una peluquería

un supermercado

una biblioteca

1 a) **Escucha los sonidos y di a qué fotos corresponden.** Höre dir die Geräusche an und entscheide, zu welchen Fotos sie gehören. Achtung: Ein Foto kommt nicht vor.
Ejemplo: El número 1 es un / una …

p. 142

b) **En parejas, pensad si conocéis palabras similares en otras lenguas.**
Überlegt zu zweit, ob es in anderen Sprachen ähnliche Begriffe für die Orte gibt.

2 **En parejas, mirad las fotos y preguntad y contestad como en el ejemplo.**
Was gibt es in dem Stadtviertel? Seht euch zu zweit die Fotos an. Fragt und antwortet wie im Beispiel.

¿Qué hay en el barrio?

En el barrio hay una biblioteca.

50 cincuenta

Zusatzmaterialien:
WES-113718-051

En mi barrio 3

un polideportivo

un quiosco

una cafetería

una panadería

p. 144

3   **Haz un mapa mental.** Lege eine Mindmap zum Thema **„en mi barrio / pueblo"** an und verwende dafür ein Wörterbuch. Du kannst sie im Laufe der **Unidad** vervollständigen.

4   **¿Qué hay en tu barrio / pueblo?**
En parejas, preguntad y contestad.
Fragt euch gegenseitig, ob es bestimmte Orte in eurem Viertel oder Dorf gibt. Verwendet euer Vokabelnetz von Aufgabe 3.

¿Hay quioscos en tu pueblo?

Sí, en mi pueblo hay un quiosco / dos quioscos.

No, en mi pueblo no hay quioscos.

Am Ende der Lektion erstellst du eine Foto-Präsentation über dein Stadtviertel / Dorf oder deine Schule.
Dazu lernst du:
→ zu sagen, was es in einem Stadtviertel gibt,
→ anzugeben, wo sich etwas befindet,
→ wie man über die Schule und den Stundenplan spricht,
→ zu sagen, was du in der Schule machst.

cincuenta y uno **51**

3 Parte A

Zusatzmaterialien: WES-113718-052

🔊 1 La Latina

raulmatra
¡Hola, amigos! Hoy presento mi barrio, La Latina. Es un barrio en el centro de Madrid. Mi piso está en la calle de Santa Ana.

raulmatra
En mi barrio hay parques, tiendas, museos, heladerías… A veces quedo con Lucía y Omar en el Mercado de la Cebada y tomamos un refresco.

raulmatra
En la plaza de la Cebada está el teatro. Además, cerca de La Latina está la plaza Mayor de Madrid. Allí siempre hay turistas. Sacan fotos y toman algo en los bares.

raulmatra
También hay un mercadillo: se llama el Rastro y es muy popular. Lucía y yo siempre buscamos libros y juegos o compramos ropa. ¡Es genial!

p. 131

a) Raúl presenta su barrio en una red social. Lee los textos y contesta a las preguntas.
Raúl stellt sein Stadtviertel in einem sozialen Netzwerk vor. Lies die Texte und beantworte die Fragen.

1. ¿Dónde está La Latina?
2. ¿Cómo se llama la calle de Raúl?
3. ¿Dónde quedan los amigos?
4. ¿Dónde hay siempre turistas?
5. ¿Cómo se llama el mercadillo en La Latina?
6. ¿Qué buscan y compran los amigos?

52 cincuenta y dos

b) Escucha el diálogo entre Lucía y Raúl. ¿En qué lugar de las fotos están?
Höre dir den Dialog zwischen Lucía und Raúl an. An welchem der abgebildeten Orte sind sie (Fotos Seite 52)?

2 A descubrir

a) Busca las formas de *estar* en el chat y completa la tabla.
Suche im Chat die Formen des Verbs **estar** und vervollständige die Tabelle.

	estar
(yo)	
(tú)	
(él / ella)	
(nosotros/-as)	
(vosotros/-as)	
(ellos / ellas)	

Chat con Omar:

Raúl: ¡Hola, Omar! ¿Dónde estás?
Omar: Uff, todavía estoy en el insti... Y Lucía y tú, ¿dónde estáis?
Raúl: Estamos en el parque.
Omar: ¿Están también Miguel y Andrei, el amigo de Miguel?
Raúl: No, Miguel está en casa. Y Andrei también.

El idioma
Im Spanischen gibt es zwei Verben für das deutsche *sein*: **ser** und **estar**. Beide Verben sind unregelmäßig.
Wenn du statt *sein* auch *sich befinden* sagen kannst, nutzt du immer **estar**: Omar <u>está</u> en el instituto.

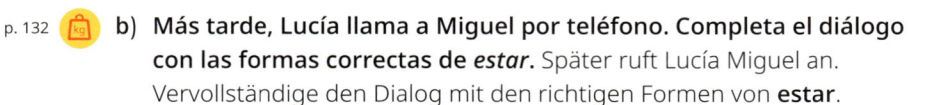

b) Más tarde, Lucía llama a Miguel por teléfono. Completa el diálogo con las formas correctas de *estar*. Später ruft Lucía Miguel an. Vervollständige den Dialog mit den richtigen Formen von **estar**.

Lucía: Hola, hermano. ¿Dónde (1) ~?
Miguel: Yo todavía (2) ~ en casa.
Lucía: Y papá, ¿dónde (3) ~? ¿Y mamá?
Miguel: Los dos (4) ~ en el polideportivo.
Lucía: Oye, Raúl y yo (5) ~ en el parque. Ahora también (6) ~ Omar.
Miguel: ¿Vosotros todavía (7) ~ en el parque?
Lucía: Sí, claro. También (8) ~ unos chicos del insti. ¡Es genial!
Miguel: Vale. Yo quedo ahora con Andrei. ¡Hasta luego!
Lucía: ¡Hasta luego!

3 ¿Dónde está Copito?

En parejas, mirad las fotos. Preguntad y contestad como en el ejemplo.
Seht euch zu zweit die Bilder an. Fragt und antwortet wie im Beispiel.

| el árbol | der Baum |
| la cama | das Bett |

¿Dónde está Copito en la foto uno?

Copito está delante del árbol.

El idioma
de + el = del
→ delante **del** árbol

1. delante de
2. detrás de
3. enfrente de
4. entre
5. al lado de
6. a la derecha de
7. a la izquierda de
8. debajo de
9. encima de
10. en

4 A rapear

Escuchad y rapead. Hört euch den Rap zu den Ortspräpositionen an und sprecht beim zweiten Mal mit. Denkt euch auch passende Bewegungen zu den Zeilen aus.

Dime[1], ¿dónde está mi gato?
¿Está lejos del[2] instituto? – ¡No!
¿Está delante del instituto? – ¡No!
¿Está detrás del instituto? – ¡No!
5 ¿Está al lado del instituto? – ¡No!
¿Está entre el cine y el instituto? – ¡No!
Pero ¿dónde está? – ¡Está en el instituto!

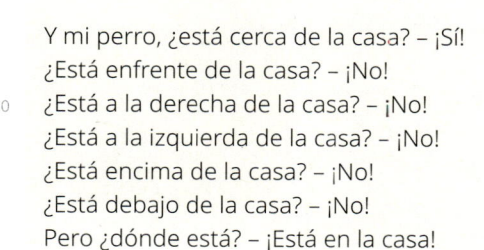

Y mi perro, ¿está cerca de la casa? – ¡Sí!
¿Está enfrente de la casa? – ¡No!
10 ¿Está a la derecha de la casa? – ¡No!
¿Está a la izquierda de la casa? – ¡No!
¿Está encima de la casa? – ¡No!
¿Está debajo de la casa? – ¡No!
Pero ¿dónde está? – ¡Está en la casa!

[1]**dime** sag mir [2]**lejos de** weit weg von

5 ¿Dónde está... ?

¿Dónde están los compañeros? En parejas, preguntad y contestad como
en el ejemplo. Wo sind eure Mitschüler/innen? Fragt und antwortet wie im Beispiel.
Arbeitet zu zweit und verwendet die Präpositionen aus Aufgabe 3.

¿Dónde está Mia?

Mia está entre Hamza y Justin.

6 ¿Hay o estar?

a) ¿Cuándo usas *hay* y cuándo usas *estar*? Mira el vídeo y completa la regla
con las palabras de las casillas. Wann benutzt du **hay** und wann **estar**?
Sieh dir das Erklärvideo an und vervollständige die Regeln mit den Wörtern.

> Hay • Estar • bestimmten • unbestimmten •
> Eigennamen • es gibt • bekannten • Plural

> ⁓ ist unveränderlich und bedeutet ⁓.
> Du verwendest es vor dem ⁓ Artikel, vor
> Zahlwörtern oder vor Substantiven im ⁓ ohne
> Artikel. Es steht auch vor Mengenangaben,
> z. B. **mucho** (= viele) oder **poco** (= wenige).

> ⁓ benutzt du, um die genaue Lage
> von ⁓ Personen oder Dingen anzu-
> geben. Du verwendest es mit dem
> ⁓ Artikel, mit ⁓ und mit Possessiv-
> begleitern wie **mi**.

b) **Completa las frases con *hay* o con la forma correcta de *estar*.**
Ergänze die Sätze mit **hay** oder der richtigen Form von **estar**.

1. Omar y Copito ⁓ en el parque.
2. Copito ⁓ debajo del árbol.
3. En la clase ⁓ 13 chicos y 11 chicas.
4. Lucía y yo ⁓ en el instituto.
5. ¿⁓ refrescos en el supermercado?
6. ¿Vosotros todavía ⁓ cerca del polideportivo?
7. Raúl, ¿⁓ (tú) en La Latina?
8. En mi ciudad ⁓ siete barrios.

3 Parte A

7 ¿Qué hay y dónde está?

¿Qué hay en el barrio y dónde está? Preguntad y contestad como en el ejemplo.
Was gibt es in dem Stadtviertel und wo ist es? Fragt und antwortet wie im Beispiel.

Ejemplo: A: «¿**Hay una cafetería** en el barrio?»
B: «Sí, **hay una cafetería** a la izquierda del supermercado».
A: «¿Dónde **está la cafetería** *El Paco*?»
B: «**La cafetería** *El Paco* **está** enfrente del parque».

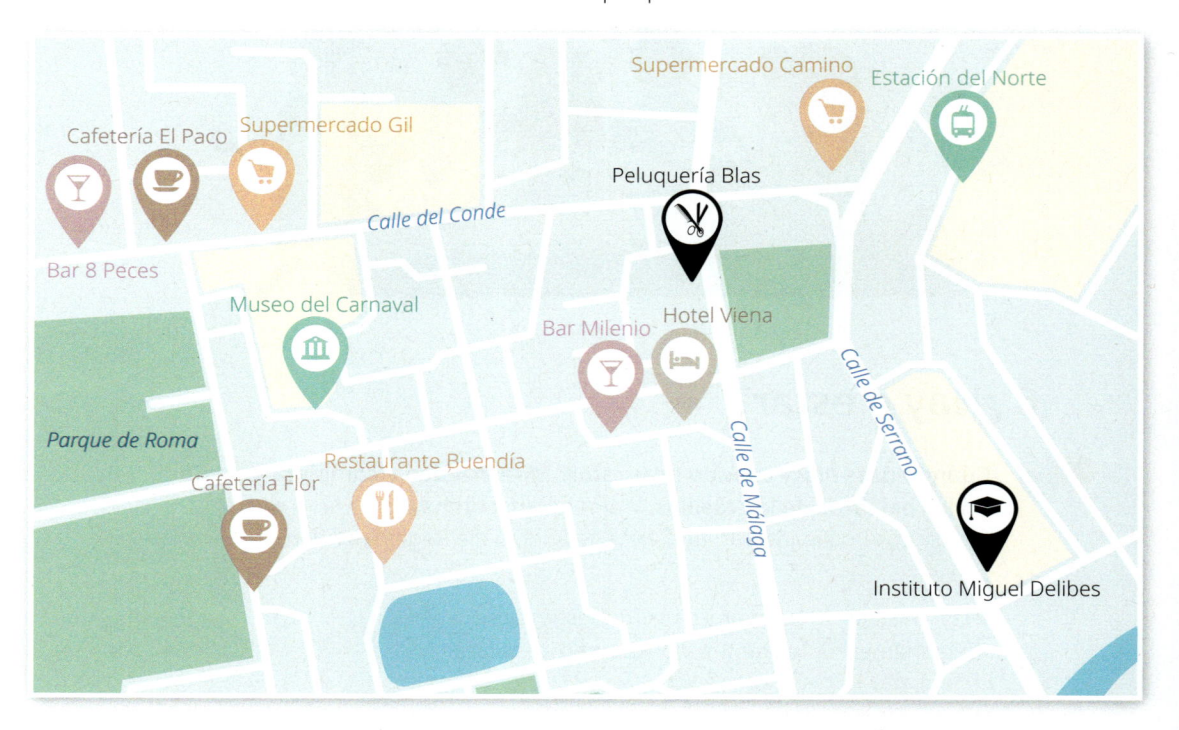

Así se dice

So fragst du, was es im Stadtviertel gibt:
¿Hay   un cine?
       un supermercado?
       una tienda de ropa?
       un instituto?
       ...

So antwortest du darauf:
Sí, hay un ... en / cerca de / ...
Sí, hay una ... en / cerca de / ...
No, no hay.

So fragst du, wo sich ein bestimmter Ort befindet:
¿Dónde está   el bar *8 Peces*?
              la estación?
              la calle de Raúl?
              el mercadillo el Rastro?
              ...

So antwortest du darauf:
El bar *8 Peces* está enfrente de ...
/ entre ... y ... / a la izquierda de ...
/ a la derecha de ... / cerca de ... /
al lado de ...

Parte A 3

8 ¿Dónde estoy?

a) Mira los dos dibujos y escucha. ¿De qué calle habla el chico?
Sieh dir die Bilder an und höre zu. Welche Straße beschreibt der Junge?

b) Describe la otra calle. Beschreibe die andere Straße.
Ejemplo: En la calle hay un / una... Está...

9 #Mi barrio

a) Auf Seite 52 hat Raúl sein Viertel in mehreren Posts vorgestellt. Welche sozialen Netzwerke dürft ihr nutzen und wie nutzt ihr sie? Welche Daten gebt ihr preis und was veröffentlicht ihr bewusst nicht? Sprecht darüber in der Klasse.

b) Crea dos o tres *posts* sobre tu barrio / pueblo como los de Raúl. Preséntalos en clase.
Entwirf zwei bis drei Posts (mit Foto und Text) über dein Stadtviertel / Dorf wie die von Raúl. Stelle sie in der Klasse vor.

3 Parte B

Zusatzmaterialien:
WES-113718-058

1 En el instituto

a) **Escucha y repite las palabras.** Höre zu und sprich die Wörter nach.

b) **¿Qué hay en clase?** Nimm oder berühre einen Gegenstand im Klassenraum und bilde einen Satz mit **hay**.
Achtung: **Hay** wird mit dem unbestimmten Artikel verwendet!

En mi clase hay un… / una…

- la ventana
- la pizarra (digital)
- la profesora
- el alumno
- la alumna
- la papelera
- la mesa
- el estuche
- el libro
- el cuaderno
- la carpeta
- la silla
- la mochila
- el lápiz
- la tableta
- el bolígrafo (el boli)

Zusatzmaterialien:
WES-113718-059

Parte B 3

p. 144

2 Aprender con estrategias

Wenn du eine neue Sprache lernst, sind Vokabeln ein wichtiger Bestandteil davon. Um sie zu lernen, gibt es verschiedene Möglichkeiten, zum Beispiel das Lernen mit Klebezetteln. Diese Methode könnt ihr in der Schule oder bei euch zu Hause anwenden.

a) **Escribid tarjetas.** Schreibt zu zweit die neuen Wörter auf Zettel und befestigt sie an den jeweiligen Gegenständen, die auf eurem Tisch liegen.

b) **Jugad en parejas.** Eine Person vertauscht die Zettel und die andere Person muss sie so schnell wie möglich wieder richtig anordnen. Tauscht anschließend die Rollen.
Ejemplo: «No es una carpeta. Es un libro».

3 La mesa de Lucía

a) **Escucha. ¿En qué mesa está Lucía?** Höre zu. An welchem Tisch sitzt Lucía?

p. 132

b) **Jugad en parejas.** Spielt zu zweit. Schau dir den Tisch deines Sitznachbarn/ deiner Sitznachbarin an und schließe dann die Augen. Dein/e Sitznachbar/in nimmt nun einen Gegenstand weg. Du musst sagen, welcher fehlt. Wechselt euch ab.
Ejemplo: A: «El cuaderno ya no¹ está en la mesa».
B: «Sí, es así. / No, no es así».

4 En mi mochila hay…

a) **Mira el vídeo y elige qué hay en la mochila de Paula.** Paula zeigt, was sie in ihrem Rucksack hat. Sieh dir das Video an und wähle die richtigen Gegenstände aus.

| un bocadillo | un bolígrafo | una carpeta | un cuaderno | un estuche |
| una foto | un lápiz | un libro | un refresco | una tableta |

b) **Mira el vídeo otra vez y apunta el número de las cosas.** Sieh dir das Video noch einmal an und notiere, wie viele von den Gegenständen Paula jeweils im Rucksack hat.

p. 151

c) **¿Qué tienes tú en la mochila? Graba un vídeo.** Was hast du in deinem Rucksack? Drehe ein Video für deine/n Austauschpartner/in.

---

¹**ya no** nicht mehr

3 Parte B

Zusatzmaterialien: WES-113718-060

🔊 5 Una clase de Inglés

El instituto en La Latina se llama San Isidro.
Ahora los alumnos están en el aula de Inglés.
Lucía y Raúl leen un texto para la clase de Historia.
Omar escribe un mensaje en el móvil y come un bocadillo.
5 La profesora María Fernández Brown abre la puerta y entra.

> **El idioma**
> Die Schulfächer schreibt man im Spanischen groß.

Profesora:	*Good morning!*
Los alumnos:	*Good morning!*
Omar:	¡Buenos días!
Profesora:	Oye, Omar, ¿por qué no respondes en inglés?
10	Además, en clase no comemos. ¿Por qué no comes durante el recreo en el patio o en la cafetería? Y Lucía y Raúl, ¿por qué no leéis el texto en casa?
Raúl:	Perdón, María.
Profesora:	Bueno, primero, los deberes. *Who wants to read the homework?*
15 *Lucía:*	Perdón, yo no tengo los deberes.
Profesora:	Ay, Lucía. Y tú, Omar, ¿qué pasa? ¿Necesitas algo?
Omar:	Hoy no tengo mi cuaderno.
Profesora:	¿Y dónde está, entonces?
Omar:	No está. Es que mi perro…
20 *Profesora:*	¿…come cuadernos?
Omar:	¡Pues sí! ¡Así es!
Profesora:	Vale. Raúl y Omar, vosotros compartís e cuaderno entonces. Bueno, los deberes. Abrimos el cuaderno en la página 18.

Unos alumnos escriben mensajes de texto en los móviles debajo de la mesa.

25 *Profesora:*	¡Chicos, ya está bien! Lucía, ¿por qué no abres el cuaderno?
Lucía:	María, tengo una pregunta.
Profesora:	Vaya… ¿ahora qué?
Lucía:	¿Cuándo tenemos el examen?
Profesora:	*The test is going to be next week.*
30 *Lucía:*	No comprendo. ¿Cuándo es el examen? ¿La semana que viene?
Profesora:	Sí, Lucía. El examen es la semana que viene. Vale. *No more questions? Let's start with the homework!*

> **El país y la gente**
>
> In Spanien besuchen die Kinder sechs Jahre lang eine **Grundschule** *(Educación primaria)* und vier Jahre lang eine gemeinsame **Mittelstufe** *(Educación Secundaria Obligatoria – ESO)*. Danach können die Jugendlichen einen zweijährigen berufsbildenden Zweig *(Formación Profesional)* oder zwei Jahre die **Oberstufe** *(Bachillerato)* besuchen, um das Abitur abzulegen.
> Das spanische **Notensystem** geht von 0 bis 10. 10 ist die beste Note, mit weniger als 5 fällt man durch.

Parte B 3

a) **Lee el texto y relaciona los dibujos con los párrafos.** Lies den Text und ordne die Bilder den drei Textabschnitten (Zeile 1-13, 14-23, 24-32) zu. Ein Bild bleibt übrig.

b) **Lee las frases y decide si son verdaderas o falsas.** Lies die Sätze und entscheide, ob sie richtig oder falsch sind. Gib auch die Zeile(n) an, in der du die Information findest.

1. Lucía y Raúl leen un texto para Inglés.
2. Omar responde en inglés.
3. Lucía no tiene los deberes.
4. Omar tiene hoy el cuaderno.
5. Raúl y Omar comparten el cuaderno.
6. El examen de Inglés es hoy.

c) Wie sprechen Omar und Lucía die Lehrerin an? Kannst du dir das auch vorstellen? Wie ist das bei euch?

6 A descubrir

a) **Haced una tabla.** Ihr kennt schon die Endungen der regelmäßigen Verben auf **-ar** (z. B. **hablar**). Auf den Blumen findet ihr die Endungen für die einzelnen Personen (Singular und Plural) der Verben auf **-er** und **-ir**.
Schreibt die Verbformen für **comer** und **abrir** in der richtigen Reihenfolge in eine Tabelle und markiert die Endungen. Tipp: Einige Formen findet ihr im Text auf Seite 60.

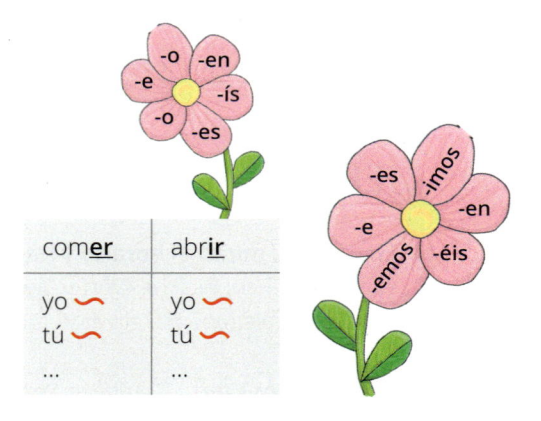

com**er**	abr**ir**
yo ~	yo ~
tú ~	tú ~
...	...

b) **Comparad las terminaciones.** Vergleicht die Endungen der Verben auf **-er** und **-ir**. In welchen Personen unterscheiden sie sich und in welchen sind sie gleich?

c) **Escuchad y rapead.** Hört euch den Rap an und sprecht mit.

3 Parte B

Zusatzmaterialien: WES-113718-062

7 Un juego

Jugad en parejas. Schreibt zu zweit alle Verben aus *Unidad* 1-3 im Infinitiv auf jeweils einen Zettel. Die Zettel legt ihr gemischt in einem Stapel auf euren Tisch.
Dann würfelt Person A. Die Zahl gibt die zu konjugierende Personalform vor. Person B deckt den obersten Zettel auf und sagt die Lösung. Wenn sie richtig ist, behält man den Zettel. Wenn nicht, muss man den Zettel zurück unter den Stapel legen. Wechselt euch ab. Wer hat am Ende die meisten Zettel gesammelt?

- ⚀ = (yo)
- ⚁ = (tú)
- ⚂ = (él/ella)
- ⚃ = (nosotros/-as)
- ⚄ = (vosotros/-as)
- ⚅ = (ellos/-as)

8 Por la tarde

¿Qué hacen los chicos por la tarde? Haz frases.
Was machen die Kinder am Nachmittag? Bilde Sätze.
Ejemplo: Omar y Raúl comparten el cuaderno.

1 Clara
2 Lucía y Miguel
3 Raúl
4 Omar
5 (yo)
6 (nosotras)

9 El horario de Clara

p. 142

a) **En parejas, mirad el horario y haced una tabla.** Seht euch zu zweit den Stundenplan von Seite 63 an. Welche Wörter kennt ihr schon und welche könnt ihr euch aus anderen Sprachen ableiten? Erstellt eine Tabelle.

spanisches Wort	andere Sprache	Übersetzung
Geografía	🇬🇧 geography	~
~	~	~

El idioma
Vor Wörtern, die mit **(h)i** anfangen, wird **y** zu **e**: Geografía **e** Historia.

Parte B 3

	LUNES	MARTES	MIÉRCOLES	JUEVES	VIERNES
	Geografía e Historia	Lengua Castellana y Literatura	Física y Química	Música	Inglés
	Educación Plástica y Visual	Biología y Geología	Geografía e Historia	Alemán	Física y Química
	Lengua Castellana y Literatura	Música	Lengua Castellana y Literatura	Inglés	Matemáticas
			Recreo		
	Educación Física	Alemán	Educación Plástica y Visual	Geografía e Historia	Educación Física
	Matemáticas	Inglés	Matemáticas	Valores Éticos	Lengua Castellana y Literatura
	Inglés	Tutoría	Biología y Geología	Matemáticas	Tecnología

b) Worin unterscheidet sich Claras Stundenplan von eurem (Fächer, Anzahl der Pausen, Stunden pro Fach)? Sprecht in der Klasse darüber.

c) En parejas, preguntad y contestad. Stellt euch zu zweit Fragen zu Claras Stundenplan und beantwortet diese.

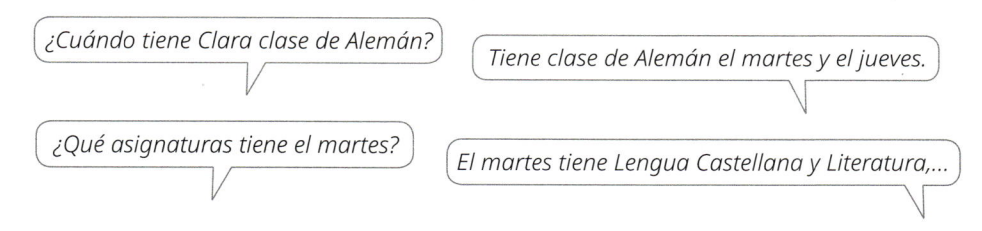

¿Cuándo tiene Clara clase de Alemán?

Tiene clase de Alemán el martes y el jueves.

¿Qué asignaturas tiene el martes?

El martes tiene Lengua Castellana y Literatura,…

p. 147

d) ¿Cómo es tu horario? Contesta el e-mail de tu compañero de intercambio.
Dein Austauschpartner hat dir eine E-Mail geschickt und dich nach deinem Stundenplan gefragt. Mache dir Notizen und formuliere dann eine E-Mail mit deiner Antwort an ihn.

Para …
Asunto Tu horario

Hola:
¿Cómo estás? Yo estoy muy bien. Tengo mi nuevo[1] horario de clase. Mis asignaturas favoritas son Matemáticas y Alemán. Y claro, el recreo. 😉 ¿Cómo es tu horario?
Hasta luego,
Pedro

Así se dice

So berichtest du über deinen Stundenplan:
Tengo … horas de clase a la semana / al día.
Tengo Música / … el lunes / martes / …
El lunes / … tengo una hora / dos horas de…
En mi insti tenemos … recreos.
Mi asignatura favorita es…

[1]**nuevo** neu

3 Parte B

Zusatzmaterialien:
WES-113718-064

▶ 10 Un mensaje de Martín

a) **Aquí tienes un nuevo vídeo de Martín de Alicante. Míralo sin sonido y contesta a las preguntas.** Du hast ein neues Video von Martín aus Alicante bekommen. Sieh es dir ohne Ton an und beantworte die Fragen.

1. ¿Dónde está Martín?
2. ¿Qué hace[1]?

b) **Ahora mira el vídeo con sonido y contesta a las preguntas.** Sieh dir nun das Video mit Ton an und beantworte die Fragen.

1. ¿Cuándo tiene Martín clase de Música?
2. ¿Qué hacen los alumnos en la biblioteca?
3. ¿Dónde están los amigos de Martín?
4. ¿Dónde está la cafetería?
5. ¿Dónde está Martín al final del vídeo?

Al final

**Du bekommst bald Besuch von deiner spanischen Austauschpartnerin.
Sie hat dich gefragt, wie dein Stadtviertel / dein Dorf und deine Schule sind.
Wähle aus, welchen Ort du vorstellen willst, und präsentiere ihn mithilfe von Fotos.**

- Überlege dir, welche Orte du genau zeigen möchtest, zum Beispiel welche Geschäfte oder welche Schulräume.
- Gehe zu den Orten und mache Fotos von ihnen. Achte darauf, dass Personen nicht gut zu erkennen sind.
- Du kannst auch passende Fotos im Internet suchen. Dann musst du aber darauf achten, ob sie urheberrechtlich geschützt oder frei verfügbar (= gemeinfrei) sind. Urheberrechtlich geschützte Fotos darfst du nur im Unterricht benutzen und nur, wenn du die Quelle angibst.
- Überlege dir, was du zu den Fotos erzählen möchtest und schreibe die Sätze auf. Dein Vokabelnetz von **Parte** A kann dir dabei helfen. Denke auch an eine kurze Einleitung und an eine Verabschiedung.

- Beginne nun mit der Produktion der digitalen Präsentation.
- Füge die Fotos und kurze Stichwörter ein.
- Übe, deinen Text möglichst frei dazu zu sprechen.

- Stellt euch gegenseitig eure Präsentationen in der Klasse oder in Kleingruppen vor.
- Mithilfe der Checkliste könnt ihr euch gegenseitig ein Feedback geben.

Brauchst du Hilfe?
Wenn du bei den Formulierungen Hilfe brauchst, dann nutze das Arbeitsblatt.
Tipps zum Erstellen einer digitalen Präsentation findest du in den **Estrategias** auf Seite 151.

[1] hacer *machen*

Algo especial 3

El Día de la No Violencia y la Paz

a) Lest die Information aus dem Kasten **El país y la gente** und beantwortet anschließend in der Klasse folgende Fragen:

- Ist ein Friedenstag wichtig? Warum (nicht)?
- Feiert ihr an eurer Schule den Friedenstag? Wenn ja, wann?
- Wie würdet ihr den Friedenstag gern (in der Schule) feiern?

El país y la gente

Am 30. Januar wird in den spanischen Schulen der **Día de la No Violencia y la Paz** (Tag der Gewaltlosigkeit und des Friedens) gefeiert. Die Schüler/innen arbeiten an diesem Tag an Projekten, die das Miteinander, den Respekt und die gegenseitige Rücksichtnahme fördern.

b) **Mirad la foto y relacionad.** Seht euch das Foto vom Treppenhaus der Schule **IES El Sobradillo** auf Teneriffa an. Was steht auf den Stiften? Ordnet die spanischen Stichpunkte den deutschen zu.

Einzigartig und unwiederholbar

Menschen lieben Menschen

Wir lieben ohne Angst

Wir sind Menschen

Anders und gleich

Wir respektieren Unterschiede

Frei, sichtbar und vielfältig

Gleich in Freiheit

Wir leben ohne Etiketten

(Stufen im Foto von oben nach unten:)
- SOMOS PERSONAS
- VIVIMOS SIN ETIQUETAS
- LIBRES, VISIBLES Y DIVERSAS
- ÚNICAS E IRREPETIBLES
- IGUALES EN LIBERTAD
- RESPETAMOS LA DIFERENCIA
- AMAMOS SIN MIEDO
- DIFERENTES E IGUALES
- PERSONAS AMAN A PERSONAS

c) **En grupos, cread un dibujo para una escalera en vuestro instituto de intercambio.** Mit eurer spanischen Austauschschule erarbeitet ihr eine ähnliche Treppe in einem gemeinsamen Projekt. Welche Formulierungen würdet ihr übernehmen und was fehlt euch?

3 Gramática y comunicación

Zusatzmaterialien: WES-113718-066

▶ **1.** Sagen, was es (in einem Stadtviertel) gibt: der Ausdruck **hay**

una biblioteca	 un quiosco	 un supermercado	 una peluquería	 una tienda (de ropa)
 un museo	 una panadería	 una cafetería	 un polideportivo	 un teatro
 un mercado	 una calle	 un mercadillo	 una heladería	una farmacia*

Mit **hay** gibst du an, wo sich nicht näher bestimmte Sachen oder Personen befinden.
Du kannst **hay** immer mit „es gibt" übersetzen. **Hay** verwendest du:

- vor dem unbestimmten Artikel: **Hay un supermercado.**
- vor Substantiven ohne Artikel im Plural: **No hay supermercados en el barrio.**
- vor Zahlen: **Hay dos supermercados en el barrio.**
- vor Mengenangaben (lernst du in *Unidad* 6 kennen): **Hay muchos *(viele)* supermercados.**

▶ **2.** Beschreiben, wo sich etwas oder jemand befindet:
das Verb **estar** und die Ortspräpositionen

Mit **estar** gibst du an, wo sich etwas oder jemand befindet. Obwohl es auf **-ar** endet,
ist **estar** ein unregelmäßiges Verb. Deswegen musst du die Konjugation auswendig lernen:

estar *(sein / sich befinden)*	
(yo)	**estoy**
(tú)	est**á**s
(él / ella)	est**á**
(nosotros/-as)	estamos
(vosotros/-as)	estáis
(ellos / ellas)	est**á**n

Estar verwendest du auch um zu sagen, wie es dir gerade geht:
¿Cómo estás? – Estoy bien.

66 sesenta y seis

*Dieses Wort kannst du zusätzlich lernen.

Gramática y comunicación   3

Um die Lage von etwas anzugeben, nutzt du die Ortspräpositionen:

en	in, auf	**enfrente de**	gegenüber von
a la izquierda de	links von	**a la derecha de**	rechts von
encima de	auf, über	**debajo de**	unter
delante de	vor	**detrás de**	hinter
al lado de	neben	**entre**	zwischen

Im Spanischen stehen die meisten Ortspräpositionen mit **de** + Artikel.
Achtung: Mit dem Artikel **el** verschmilzt **de** zu **del**: El cine está al lado <u>del</u> teatro.

Die übrigen Formen verschmelzen nicht: **El cine está al lado <u>de la</u> biblioteca.**
Detrás <u>de las</u> casas está la estación.
El quiosco está delante <u>de los</u> árboles.

3. Erzählen, was man (in der Schule) macht: die Verben auf **-er** und **-ir**

Um Aktivitäten auszudrücken, brauchst du neben den Verben auf **-ar** (siehe Seite 47) auch die Verben auf **-er** und **-ir**. Die Endungen dieser Verben unterscheiden sich nur in der 1. und 2. Person Plural:

	com**er** *(essen)*	escrib**ir** *(schreiben)*
(yo)	com**o**	escrib**o**
(tú)	com**es**	escrib**es**
(él / ella)	com**e**	escrib**e**
(nosotros/-as)	com**emos**	escrib**imos**
(vosotros/-as)	com**éis**	escrib**ís**
(ellos / ellas)	com**en**	escrib**en**

Las actividades en el instituto: abrir el estuche / la puerta / la ventana, comer un bocadillo, compartir el cuaderno, escribir / leer un texto, estudiar para un examen, hablar en el recreo, responder en inglés / español, tener un examen

4. Im Spanischunterricht sprechen

So kannst du etwas nachfragen:	So kannst du dich entschuldigen:
Profe, tengo una pregunta. No comprendo. ¿Leemos el texto en la página 18? ¿Cuándo es el examen?	Perdón, no tengo los deberes. No tengo mi cuaderno / libro. Está en casa.

3 Repaso

Audio, Lösungen und digitale Version:
WES-113718-068

1 Vocabulario / Gramática

a) **Completa la tabla.** Ordne die Begriffe den passenden Oberbegriffen zu und notiere sie mit dem bestimmten Artikel. Manche Wörter passen auch in mehrere Kategorien.

> ~~aula~~ • bolígrafo • cuaderno • estuche • peluquería • lápiz • mercado • panadería • patio • pizarra • profesor • recreo • horario • supermercado • tableta • teatro

en el barrio	en el instituto	en la mochila
…	el aula, …	…

b) **Raúl lee un mensaje de Lorena. Completa el texto con las palabras de la casilla.**
Raúl liest eine Nachricht von Lorena, die seine Posts über La Latina gelesen hat. Vervollständige den Text mit den Wörtern aus dem Kasten.

> barrio • centro • cerca de • examen • juegos • mercadillo • miércoles • plaza • refresco

Hola, Raúl:
Muchas gracias por[1] presentar tu (1) ⁓. ¡La Latina es genial! Yo soy de Albacete y mi barrio también está en el (2) ⁓ de la ciudad. (3) ⁓ mi casa hay un cine. El sábado paso la tarde en el cine con mi amiga 😊. En mi calle hay una (4) ⁓ con bares y por las tardes tomamos un (5) ⁓ allí. Los viernes hay un (6) ⁓ en mi barrio. Mi mejor amigo y yo compramos ropa y (7) ⁓. Hoy no vamos[2] porque[3] tenemos un (8) ⁓ de Matemáticas el (9) ⁓.
Adiós, Lorena

🔊 2 Comprensión auditiva

a) **Escucha y elige la frase correcta.** Höre dir den Dialog an und wähle den richtigen Satz aus.

1. Lucía y Raúl hablan por teléfono[4].
2. Omar y Raúl hablan con Lucía.
3. Lucía y Raúl hablan en el recreo.

b) **Escucha otra vez el diálogo y relaciona las frases. Sobran dos opciones (A.-G.).**
Höre den Dialog noch einmal an und ordne die Satzenden zu. Zwei Satzenden bleiben übrig.

1. Raúl está en…
2. Lucía está en…
3. Lucía necesita un cuaderno para…
4. Raúl necesita un cuaderno para…
5. Quedan en…

A. la clase de Matemáticas.
B. el centro comercial.
C. casa con Omar.
D. el supermercado.
E. la cafetería.
F. el parque.
G. la clase de Inglés.

[1]**muchas gracias por** vielen Dank für [2]**vamos** wir gehen [3]**porque** weil [4]**hablar por teléfono** telefonieren

Repaso 3

3 Gramática

a) **Elige el verbo correcto.** Wähle das richtige Verb aus und schreibe den Satz auf.

1. El cine **está / hay** a la derecha de la plaza.
2. **Está / Hay** un museo al lado de la playa.
3. El bar *Jorge* **está / hay** cerca de la playa.
4. Detrás de la plaza **está / hay** un cine y un restaurante.
5. **Están / Hay** tres museos entre el restaurante y el polideportivo.
6. Las tiendas *Zaza* y *Manga* **están / hay** a la izquierda de la plaza.

b) **Mira el dibujo y compara con las frases del ejercicio a). ¿Cuáles son correctas?**
Sieh dir das Bild an und vergleiche es mit den Sätzen aus a). Welche Sätze sind richtig?

c) **¿Qué pasa en el patio? Completa el texto con las formas correctas de los verbos.**
Was passiert auf dem Schulhof? Vervollständige den Text mit den richtigen Verbformen.

La profesora de Inglés y la profesora de Historia (1) ⌒ (hablar) de los exámenes. Miguel (2) ⌒ (comer) un bocadillo y (3) ⌒ (leer) un libro para la clase de Lengua. Lucía (4) ⌒ (escribir) mensajes en el móvil. Raúl y Omar no (5) ⌒ (comprender) los deberes de Física y Química. Los chicos y yo (6) ⌒ (compartir) ideas para la fiesta.

4 Expresión escrita

¿Qué pasa en tu clase? Escribe un mensaje a tu compañero de intercambio.
Dein spanischer Austauschschüler möchte wissen, wie dein Unterricht ist. Schreibe ihm in einer Nachricht, was in deiner Klasse passiert. Du kannst auch etwas erfinden.
Ejemplo: Hola, Hugo: Estamos en clase de Alemán. Frida no tiene los deberes. Luis…

> escribir / leer un texto • compartir / abrir un libro • comer un bocadillo •
> (no) tener un examen / los deberes / el cuaderno / una pregunta • …

UF ¡Feliz Navidad!

Zusatzmaterialien:
WES-113718-070

7 de diciembre
La *Noche de las Velitas*[1] es una fiesta en Colombia. La gente ilumina con velas y luces[2] las calles, los parques y las casas.

22 de diciembre
La lotería de Navidad es muy popular en España. El premio[4] es dinero[5]. El premio principal se llama *El gordo*.

16 de diciembre
La novena es una tradición en Colombia. Del 16 al 24 de diciembre, las familias y los amigos quedan y cantan villancicos[3]. También hay comida típica de Navidad.

24 de diciembre
Esta noche se llama *Nochebuena* y las familias quedan y cenan[6] comida típica de Navidad. En las casas hay decoración de Navidad, por ejemplo un belén[7] y un árbol de Navidad[8].

1
a) Sprecht in der Klasse. Welche Feste feiert ihr mit eurer Familie?

b) Für viele Familien in Spanien und Lateinamerika ist Weihnachten ein wichtiges Fest. Lest die Texte und seht euch die Bilder an. Welcher Tag oder welche Tradition gefällt euch am besten und warum?

c) **Escucha y apunta la respuesta correcta. ¿Qué día es?**
Höre zu und notiere die richtige Antwort. Welcher Tag ist es?

Audio 1:
1. Nochebuena (24 de diciembre)
2. Nochevieja (31 de diciembre)
3. Día de Reyes (6 de enero)

Audio 2:
1. Noche de las Velitas (7 de diciembre)
2. Día de la lotería de Navidad (22 de diciembre)
3. Día de Navidad (25 de diciembre)

70 setenta

¡Feliz Navidad! UF

25 de diciembre
Es el día oficial de Navidad. Por la mañana, en muchas casas, los chicos tienen regalos[9] de Papá Noel[10].

5 de enero
Este día son las cabalgatas de los Reyes Magos[15] en las ciudades de España. En las calles, los Reyes Magos tiran[16] caramelos a los chicos.

31 de diciembre
A las doce de la noche, la tradición es comer las 12 uvas[11] con las 12 campanadas[12] y pedir 12 deseos[13]. Además, hay fuegos artificiales[14]. El día siguiente es *Año Nuevo* (1 de enero).

6 de enero
Por la mañana, los chicos en España tienen regalos de los Reyes Magos. Las familias también comen el *Roscón de Reyes*.

---

p. 150 **2** a) **En grupos, elegid un país hispanohablante y buscad información sobre sus tradiciones navideñas.** Wählt in Gruppen ein spanischsprachiges Land aus und sucht Informationen zu den Weihnachtstraditionen.

p. 149 b) **Presentad la tradición en clase.** Stellt die Tradition in der Klasse vor. Ihr könnt Fotos oder Videos verwenden. Denkt daran, unbekannte Wörter zu erklären.

---

[1]**la vel(it)a** die Kerze [2]**la luz** das Licht [3]**el villancico** das Weihnachtslied [4]**el premio** der Preis
[5]**el dinero** das Geld [6]**cenar** zu Abend essen [7]**el belén** die Krippe [8]**el árbol de Navidad** der Weihnachtsbaum
[9]**el regalo** das Geschenk [10]**el Papa Noel** der Weihnachtsmann [11]**la uva** die Weintraube
[12]**la campanada** der Glockenschlag [13]**pedir un deseo** sich etw. wünschen [14]**el fuego artificial** das Feuerwerk
[15]**la cabalgata de los Reyes Magos** die Parade der Heiligen Drei Könige [16]**tirar** werfen

setenta y uno **71**

¡Feliz Navidad!

3 a) **¿Qué villancicos conocéis? Hablad en clase.**
Welche Weihnachtslieder kennt ihr? Sammelt sie an der Tafel.

b) **Buscad en internet cómo se llaman los villancicos en español.**
Sucht im Internet, ob es die Lieder auch im Spanischen gibt und wie sie heißen.

c) **Ahora, escuchad en internet este villancico típico de Latinoamérica y España.**
Hört euch dieses typische Weihnachtslied an. Ihr könnt auch mitsingen.

El burrito sabanero
Por Hugo Blanco

Con mi burrito sabanero[1],
voy camino[2] de Belén[3].
Con mi burrito sabanero,
voy camino de Belén.
5 Si me ven[4], si me ven,
voy camino de Belén.
Si me ven, si me ven,
voy camino de Belén.

El lucerito mañanero[5]
10 ilumina mi sendero[6].
El lucerito mañanero
ilumina mi sendero.
Si me ven, si me ven,
voy camino de Belén.
15 Si me ven, si me ven,
voy camino de Belén.

Con mi cuatrico[7], voy cantando,
mi burrito va trotando[8].
Con mi cuatrico voy cantando,
mi burrito va trotando.   20
Si me ven, si me ven,
voy camino de Belén.
Si me ven, si me ven,
voy camino de Belén.

Tuki tuki tuki tuki,   25
tuki tuki tuki ta.
Apúrate[9], mi burrito,
que ya vamos a llegar[10].
Tuki tuki tuki tuki,
tuki tuki tuki tu.   30
Apúrate, mi burrito,
vamos a ver a Jesús.

Hugo César Blanco Manzo
QUISQUEYA MUSIC PUBLISHING INC

---
[1]**el burrito sabanero** der Esel aus der Savanne [2]**voy camino** ich bin auf dem Weg
[3]**Belén** Bethlehem [4]**si me ven** falls ihr mich seht [5]**el lucerito mañanero** der Morgenstern [6]**el sendero** der Pfad [7]**el cuatrico** kleine Gitarre aus Venezuela
[8]**trotar** traben [9]**apúrate** beeil dich [10]**llegar** ankommen

El país y la gente
El burrito sabanero gehört zu den beliebtesten Weihnachtsliedern in Spanien und Lateinamerika. Es wurde 1972 von dem Venezolaner Hugo Blanco geschrieben und komponiert.

Zusatzmaterialien:
WES-113718-073

¡Feliz Navidad! **UF**

4 **Leed la receta y preparad el turrón.** Lest das Rezept und bereitet **turrón** zu.

> **El país y la gente**
> **Turrón** ist eine spanische Süßigkeit, die in der Weihnachtszeit gegessen wird. Es ähnelt weißem Nougat. Ursprünglich kommt **turrón** aus dem arabischen Raum.

130 g de miel

100 g de azúcar

250 g de almendras

1 clara de huevo

2 obleas grandes

turrón

Preparación:

1. Calentamos[1] la miel y mezclamos la miel con el azúcar.
2. Batimos[2] la clara de huevo y la añadimos[3] a la masa.
3. Tostamos las almendras en el horno[4].
4. Añadimos las almendras a la masa y mezclamos todo durante unos minutos.
5. Ponemos[5] una oblea en un molde[6], vertemos[7] la masa y le damos forma. Por encima ponemos la otra oblea.
6. Finalmente, dejamos[8] el turrón en un lugar fresco.

[1]**calentar** erhitzen   [2]**batir** schlagen   [3]**añadir** hinzufügen   [4]**el horno** der Ofen
[5]**poner** legen   [6]**el molde** die flache Form   [7]**verter** gießen   [8]**dejar** lassen

5 **En España y Latinoamérica los niños escriben una carta a los Reyes Magos. Escribe también una carta usando la ficha de trabajo.** In Spanien und Lateinamerika schreiben die Kinder einen Brief an die Heiligen Drei Könige, um ihnen ihre Wünsche mitzuteilen. Schreibe auch du ihnen einen Brief. Du kannst das Arbeitsblatt dazu nutzen.

setenta y tres **73**

4 Mi gente

A

Soy yo, Yolanda, con mi padre Enrique, mi madre Rosario, mis hermanas Carlota y Sofía y mi hermano Alberto.

B

Soy yo, Raúl, con mi madre Juana y mi abuela Rosa.

1 **En parejas, mirad los dibujos. Preguntad y contestad como en el ejemplo.**
Seht euch zu zweit die Bilder an. Fragt und antwortet wie im Beispiel.

Ejemplo: A: ¿**Quién es** Sofía?
B: Sofía **es** la hermana de Yolanda.
B: ¿**Quiénes son** los primos de Omar?
A: Los primos de Omar **son** Latifa y Naím.

El idioma
Seht euch die Beispiele an und überlegt: Wann verwendet man **quién** und wann **quiénes**?

2 **En parejas, preguntad por vuestros familiares y contestad.** Fragt nach den Namen eurer Familienmitglieder und antwortet.

¿Tienes tías? ¿Cómo se llaman?

Sí, tengo una tía. Se llama...

el hijo, la hija der Sohn, die Tochter
el medio hermano, la media hermana
der Halbbruder, die Halbschwester
el padrastro, la madrastra
der Stiefvater, die Stiefmutter
la pareja de... der/die Partner/in von...
el novio, la novia
der (feste) Freund, die (feste) Freundin

Zusatzmaterialien: WES-113718-075

Mi gente 4

C

Soy yo, Omar, con mis padres Farid y Nadia, mis tíos Mohamed e Imane, mi prima Latifa y mi primo Naím. Farid y Mohamed son hermanos. ¡Y mi perro Copito, claro!

D

Soy yo, Lucía, con mi grupo de amigos.

3

a) **Dibuja tu árbol genealógico o el de una persona famosa y utiliza el vocabulario nuevo.** Zeichne deinen Stammbaum oder den von einer berühmten Person und nutze das neue Vokabular.

b) **Presenta el árbol genealógico.** Präsentiere den Stammbaum.
   Ejemplo: Me llamo… Mis padres son… Mi hermana es…
   La persona se llama Lionel Messi. Tiene tres hijos. Se llaman…

Am Ende der Lektion stellst du (d)eine Familie oder deine Freundesgruppe mit einem Lapbook (Mini-Buch) vor. Dazu lernst du, …
→ über deine Familie und Freunde zu sprechen.
→ das Aussehen und den Charakter einer Person zu beschreiben.
→ anzugeben, zu wem jemand/etwas gehört.
→ die Zahlen bis 100.

setenta y cinco **75**

4 Parte A

Zusatzmaterialien: WES-113718-076

🔊 1 Un chat entre Yolanda y Salomé

p. 142 💡 **a) ¿Qué palabras entiendes? Hablad en parejas.** Welche der Wörter verstehst du schon und warum? Wie kannst du sie herleiten? Sprecht zu zweit darüber.

activo · castaño · chatear · creativo · diferente · estricto · el fútbol · grande · inteligente · moderno · simpático

Salomé

Hola, Yolanda. ¿Cómo estás?

Hola, Salomé. Así así...
Aquí no siempre es fácil porque soy la chica nueva. 😔
Mi vida en España es diferente, pero la gente es simpática.

¿Quiénes son?

La chica rubia se llama Lucía y es muy simpática y creativa.
El chico con el pelo castaño y la camiseta roja se llama Raúl. Es simpático, pero a veces es un poco pesado en clase. 😉
El chico con el pelo negro es Omar. Es una persona activa y graciosa.

¡Qué chévere! 🙂
¿Y cómo son los profesores?

Mira, tengo una foto. Aquí vamos al Estadio Bernabéu con la clase. ¡El estadio de fútbol es muy grande!
La mujer alta es mi profe de Educación Física. Es muy estricta. El hombre bajo es mi profe de Matemáticas. Es inteligente y tranquilo.

¿Y los exámenes son difíciles?

Sí, pero las clases son interesantes. Mis asignaturas favoritas son Música e Inglés.

¿Todavía vas a la piscina?

Sí, los martes. Es muy moderna. Mira.

¡Es bonita!

¿Qué planes tienes para hoy? En Colombia es todavía por la mañana...

Vamos al centro. Mi madre va a la peluquería y yo voy al mercadillo con mi hermano. ¿Cuándo chateamos otra vez? ¿El sábado?

El sábado voy a la fiesta de cumpleaños de Raúl.

¿Entonces, el domingo?

Vale. Mis hermanos van al cine, pero yo no. ¡Un beso! 😘

Parte A 4

> **El país y la gente**
>
> Wie im Deutschen aus Deutschland, Österreich und der Schweiz gibt es auch im Spanischen sprachliche Unterschiede in den verschiedenen Ländern. Zum Beispiel sagt man in Spanien **¡Qué guay!** und in Kolumbien **¡Qué chévere!**

b) **Lee el texto y contesta a las preguntas.**
Lies den Text und beantworte die Fragen.

1. ¿Cómo se llama la amiga de Yolanda en Colombia?
2. ¿Quién es creativa?
3. ¿Cómo es el estadio Santiago Bernabéu?
4. ¿Quiénes son Cristina y Javier?
5. ¿Qué pasa el sábado?
6. ¿Cuándo chatean las chicas otra vez?

c) Yolanda escribe: «Aquí no siempre es fácil porque soy la chica nueva 😒».
Warum benutzt Yolanda dieses Emoji in dem Zusammenhang?
Sprecht in der Klasse darüber.

2 A descubrir

Mira el vídeo y completa la regla. Sieh dir das Erklärvideo zur Bildung und Verwendung von Adjektiven an und vervollständige die Regel.

> Im Spanischen stehen Adjektive in der Regel ⌒ den Substantiven.
> An diese Substantive müssen die Adjektive in ⌒ (feminin / maskulin) und ⌒ (Singular / Plural) angepasst werden.
> Im Singular enden die Adjektive auf den Vokalen ⌒, ⌒, ⌒.
> Es gibt auch Adjektive, die auf Konsonant enden.
> An die Vokale wird im Plural die Endung ⌒ gehängt und an die Konsonanten die Endung ⌒.

3 ¿Cómo es?

p. 133
p. 140

Ordena las palabras y escribe la frase. Bringe die Wörter in die richtige Reihenfolge und schreibe den Satz auf. Denke daran, dass die Adjektive im Spanischen meist hinter dem Substantiv stehen.

1. pelo – Salomé – tiene – negro – el
2. tiene – Yolanda – simpáticos – amigos
3. activa – una – muy – Somos – familia
4. perro – gracioso – un – Omar – tiene
5. un – es – alumno – inteligente – Raúl

4 Parte A

Zusatzmaterialien:
WES-113718-078

4 A practicar

a) **Buscad gestos adecuados para los adjetivos.** Denkt euch passende Bewegungen bzw. Standbilder zu den Adjektiven von Aufgabe c) aus.

b) **Jugad en clase.** Spielt ein Reaktionsspiel. Eine Person sagt ein Adjektiv, der Rest der Klasse führt schnellstmöglich die passende Bewegung dazu aus. Anschließend führt eine Person die Bewegung aus und der Rest der Klasse ruft das richtige Adjektiv herein.

c) **¿Cómo eres tú y cómo son los demás? Forma por lo menos seis frases.**
Beschreibe dich und Menschen in deinem Umfeld. Bilde mindestens sechs Sätze.
Ejemplo: Mi amig**o** es tranquil**o**. Mis herman**as** son activ**as** y genial**es**.

Yo Mi amigo/-a Mi hermano/-a Mi clase Mis amigos/-as y yo Mis padres Mis hermanos/-as Mis amigos/-as Mis profesores	(no)	ser	simpático/-a. creativo/-a. activo/-a. tranquilo/-a. estricto/-a. gracioso/-a. bajo/-a. alto/-a. inteligente. genial.

d) **Escribe y presenta un poema o un rap.** Schreibe und präsentiere ein kurzes Gedicht oder einen Rap über dich und eine andere Person aus deinem Umfeld.
Ejemplo: Hola, me llamo Lucía. Soy alta, activa y creativa.
Miguel es mi hermano. Es bajo, simpático y gracioso.

5 ¿Cómo son?

a) **¿Cómo son los amigos? Haz frases como las de *Así se dice* de la página 79.**
Wie sind die Freunde und wie sehen sie aus? Bilde Sätze wie in **Así se dice** von Seite 79.

Zusatzmaterialien:
WES-113718-079

Parte A 4

Así se dice

So fragst du, wie jemand ist:
¿Cómo es Raúl?
¿Cómo es Clara?

So antwortest du:
Es un chico alto. Tiene el pelo castaño y corto.
Clara es guapa. Tiene… y lleva…

So beschreibst du das Aussehen:
ser alto/-a ≠ bajo/-a
tener el pelo rubio, castaño, negro / ser pelirrojo/-a / ser rubio/-a
tener el pelo largo ≠ corto
tener el pelo liso ≠ rizado
tener los ojos azules, verdes, marrones, grises
llevar gafas, llevar aparato de dientes

b) **Describe a dos compañeros/-as y a dos profes de tu clase. La clase adivina quiénes son.**
Beschreibe zwei Mitschüler/innen und zwei Lehrkräfte, die in eurer Klasse unterrichten.
Die anderen raten, wer gemeint ist.

p. 145

6 Aprender con estrategias

Wenn man eine neue Fremdsprache hört, kann man sich schnell überfordert fühlen.
Denn oft sprechen die Personen sehr schnell und man versteht nicht alle Wörter.
Lass dich davon nicht entmutigen, sondern konzentriere dich beim Hören nur auf
die Informationen, die für dich wichtig sind.

a) **Lee el ejercicio.** Lies dir zuerst die Aufgabenstellung durch: **Yolanda habla con Raúl sobre su primo Rubén y sobre Inés, la novia de Rubén. Escucha y elige el dibujo correcto.**
Nun kannst du dich auf den Hörtext vorbereiten, indem du folgende Fragen beantwortest:
- **Wer** wird sprechen? Eine Person oder mehrere?
- **Worüber** werden sie sprechen?
- **Was** muss ich genau tun?

b) **Mira los dibujos.** Wenn es Bilder gibt, dann sieh sie dir im zweiten Schritt an. Was siehst du? Notiere dir passende Wörter, zum Beispiel: **pelo largo, ser bajo/-a, ser alto/-a**. So weißt du, welche Wörter du wahrscheinlich hören wirst und auf welche du besonders achten musst.

c) **Escucha.** Höre dir das Audio dreimal an. Beim ersten Mal hörst du nur zu, um zu verstehen, worüber gesprochen wird. Beim zweiten Mal achtest du auf die Informationen, die du brauchst, und beantwortest die Frage aus Aufgabe a): Auf welchem Bild sind Rubén und Inés zu sehen? Beim dritten Hören kontrollierst du deine Antwort.

4 Parte A

Zusatzmaterialien: WES-113718-080

🔊 7 ¿Quién es quién?

a) **Escucha los audios y relaciónalos con las fotos. Ojo: dos fotos sobran.**
   Höre dir die Audios an und ordne sie den Fotos zu. Zwei Fotos bleiben übrig.

Camila Cabello 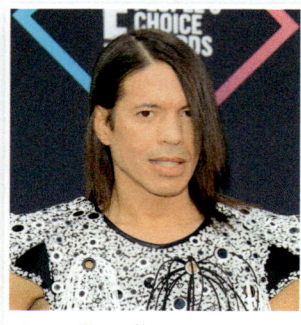 | Jorge González  | Shakira

Rosalía  | Carlos Alcaraz  | Lamine Yamal

b) **Escucha otra vez y contesta a las preguntas sobre cada una de las cuatro personas.**
   Höre die Aufnahme noch einmal und beantworte die Fragen für jede der vier Personen.

   1. ¿De dónde es?
   2. ¿Cómo es?

p. 149 💡 8 Mi estrella favorita ◀

Presenta a una persona famosa como en el ejercicio 7. También puedes grabar tu texto.
Präsentiere eine berühmte Person wie in Aufgabe 7. Du kannst deinen Text aufnehmen.

- ¿Cómo se llama?
- ¿De dónde es?
- ¿Cómo es?
- ¿Tiene hermanos?
- ¿Tiene hijos?
- ¿Qué profesión¹ tiene? – Es…

un/a cantante	ein/e Sänger/in
un actor / una actriz	ein/e Schauspieler/in
un/a deportista	ein/e Sportler/in
un/a presentador/a	ein/e Moderator/in
un/a *influencer*	ein/e Influencer/in

80 ochenta

¹**la profesión** der Beruf

9 ¿Adónde vamos?

a) **Busca las formas del verbo *ir*.** Suche die Formen des Verbs **ir** in der Wortschlange und schreibe sie mit den passenden Personalpronomen auf. Einige Formen findest du auch im Text auf Seite 76.

vavamosvasvaisvoyvan

b) **Forma frases con el verbo *ir* y la preposición *a*.** Bilde Sätze mit **ir** und der Präposition **a**.
Ejemplo: Los chicos van al estadio.

> **El idioma**
> Um zu sagen, wohin du gehst oder fährst, benutzt du das Verb **ir** und die Präposition **a**, zum Beispiel: **Voy a la fiesta**. Achtung: **a** + **el** = **al** → **Voy al centro**.

1. los chicos
2. yo
3. nosotros
4. mi tío
5. mi prima
6. mis amigas
7. vosotras
8. tú

10 Espacio cultural

a) **Yolanda presenta su país, Colombia. Mira su presentación. ¿De qué temas habla?** Yolanda stellt in einem Referat ihr Heimatland Kolumbien vor. Sieh dir ihre Präsentation an. Über welche Themen spricht sie? Wähle aus.

los amigos · el barrio · las ciudades · el deporte · la familia
las fiestas · el instituto · los mercados · las montañas · la música

b) **Mira el vídeo otra vez y relaciona.** Sieh dir die Präsentation noch einmal an und ordne die Satzenden zu. Achtung: Zwei Satzenden brauchst du nicht.

1. Medellín es...
2. La cumbia es...
3. La Feria de las Flores es...
4. El jaguar es...
5. Palomino es...
6. Las arepas son...

A. el animal[1] favorito de Yolanda.
B. la capital de Colombia.
C. una comida[2].
D. la música favorita de Yolanda.
E. una playa.
F. el animal nacional de Colombia.
G. la ciudad de Yolanda.
H. una fiesta.

[1] **el animal** das Tier [2] **la comida** das Essen

4 Parte B

Zusatzmaterialien:
WES-113718-082

🔊 1 El cumpleaños de Raúl

a) Wie feierst du normalerweise deinen Geburtstag? Gibt es in deiner Familie bestimmte Traditionen zum Geburtstag? Sprecht darüber in der Klasse.

Hoy es la fiesta de cumpleaños de Raúl. Su familia, sus amigos y él están en el parque. Hablan, cantan y comen tarta. En la fiesta también está Yolanda, la nueva compañera de clase de Lucía, Raúl y Omar. También vive en el barrio de los chicos.

Raúl:	¡Hola, Yolanda! ¿Cómo estás?
Yolanda:	Estoy bien. ¡Feliz cumpleaños, Raúl! ¿Esta es tu familia?
Raúl:	Sí, esta es mi familia. Ella es mi madre Juana y ella es mi abuela Rosa. Vive en nuestra calle, cerca de mi casa.
Yolanda:	¿Y quiénes son ellos? ¿Tus tíos?
Raúl:	No, qué va. Son mi padre y su pareja. Se llaman Carlos y Laura. Y mira, este es Hugo, el hijo de Laura. Los tres viven en Toledo y son muy majos. Ellos son mis tíos Marco y Jaime con sus hijas Emilia y Sara y su perro. Y claro, aquí están Lucía y Omar.
Lucía y Omar:	¡Hola, Yolanda!
Rosa:	Chicos, ¿dónde están vuestros platos? Todavía hay tarta. ¿Coméis un trozo?
Raúl:	Gracias, abuela.
Yolanda:	Raúl, tengo un pequeño regalo para ti, una piñata.
Raúl:	¡Muchas gracias, Yolanda! ¡Qué guay! Lucía y Omar, ¿dónde está vuestro regalo?
Lucía:	¿Nuestro regalo? Mmm, está en casa... Lo siento, Raúl.
Omar:	Ay, Lucía, ¡no es verdad! Es una broma. Mira, Raúl, aquí están nuestros regalos.
Raúl:	¡Chucherías y una camiseta del Real Madrid! ¿Es la camiseta del mercadillo? Es muy chula. Muchas gracias, chicos.
Juana:	Raúl, ahora cantamos para ti.
Raúl:	Ay, no, mamá, qué vergüenza...

Cumpleaños feliz, cumpleaños feliz, te deseamos todos cumpleaños feliz.

Zusatzmaterialien:
WES-113718-083

Parte B 4

p. 133
p. 140

b) **Lee el texto y relaciona las frases con las personas.**
Lies den Text und ordne die Sätze den Personen zu.

1. Hoy es su cumpleaños.
2. Son los padres de Raúl.
3. Vive con Carlos y Laura.
4. Son las primas de Raúl.
5. Tiene una piñata para Raúl.
6. Tienen una camiseta para Raúl.

c) **Dibuja el árbol genealógico de la familia de Raúl.**
Zeichne den Stammbaum von Raúls Familie.

p. 147

2 ¿Cómo es tu fiesta?

Tu compañero de intercambio te pregunta cómo celebras tu cumpleaños. Escribe un e-mail. Dein Austauschpartner aus Spanien möchte wissen, wie du deinen Geburtstag feierst. Schreibe ihm eine E-Mail und beantworte seine Fragen.

- ¿Quiénes van a la fiesta?
- ¿Dónde celebras la fiesta?
- ¿Qué coméis y qué hacéis[1]?
- ¿Qué es un regalo bonito para ti?

3 A descubrir

a) **Mira el texto y busca los determinantes posesivos. Completa la tabla en tu cuaderno.** Suche die fehlenden Possessivbegleiter im Text von Seite 82 und vervollständige die Tabelle in deinem Heft.

	Singular		Plural	
	maskulin	feminin	maskulin	feminin
yo		mi		~
tú		tu		~
él /ella	~		~	
nosotros/-as	~	~	~	nuestras
vosotros/-as	~	vuestra	~	vuestras
ellos / ellas		~		

b) **Formulad una regla.** Formuliert eine Regel und achtet auf die Unterschiede bei maskulinen und femininen Substantiven. Was fällt euch bei **él / ella** und **ellos / ellas** im Vergleich zum Deutschen auf?

[1] **hacer** machen

4 Parte B

Zusatzmaterialien: WES-113718-084

4 La vida de Yolanda

a) **Yolanda habla de su vida en Madrid. Completa el texto.**
Setze die Possessivbegleiter **mi/s, tu/s** und **su/s** ein.

Vivo con (1) ⁓ padres, (2) ⁓ hermanas y (3) ⁓ hermano en Madrid.
(4) ⁓ tíos también viven aquí y (5) ⁓ piso está cerca.
(6) ⁓ amiga Salomé vive en Colombia. (7) ⁓ casa está en Medellín y
(8) ⁓ hermanos también son (9) ⁓ amigos.
¿Y tú? ¿Dónde está (10) ⁓ piso y quiénes son (11) ⁓ amigos?

b) **Es su primer día de clase y Yolanda tiene muchas preguntas. Completa el texto.**
An ihrem ersten Schultag hat Yolanda viele Fragen. Setze die Possessivbegleiter
nuestro/-a, nuestros/-as, vuestro/-a, vuestros/-as und **su/s** ein.

Yolanda: Hola, chicos. ¿Dónde está (1) ⁓ clase?
Raúl: Está aquí a la derecha. Mira, allí están (2) ⁓ profesores, Javier y María.
Los viernes pasean a (3) ⁓ perros en el parque del barrio.
Omar y Lucía, Javier es (4) ⁓ profesor favorito, ¿verdad?
Lucía: Sí, es majo. Pero (5) ⁓ profesoras de Educación Física y Música también son simpáticas.
Omar: Es verdad. Se llaman Cristina y Martina y (6) ⁓ clases son geniales.
(7) ⁓ hijas también van a (8) ⁓ instituto.
Yolanda: Vale, entonces buscamos (9) ⁓ mochilas y vamos a clase.

5 ¿De quién es?

Haz frases con los determinantes posesivos como en el ejemplo.
Formuliere Sätze mit den Possessivbegleitern wie im Beispiel.

Ejemplo: 1. Son mis cuadernos.
2. Es su...
3. Son...

1. yo
2. él
3. ellas
4. vosotros
5. nosotros
6. ellos
7. yo
8. tú

Zusatzmaterialien: WES-113718-085

Parte B 4

6 Números

20 veinte	21 veintiuno	22 veintidós	23 veintitrés	24 veinticuatro
25 veinticinco	26 veintiséis	27 veintisiete	28 veintiocho	29 veintinueve

30 treinta	31 treinta y uno	32 treinta y dos	33 treinta y tres	34 treinta y …	40 cuarenta
50 cincuenta	60 sesenta	70 setenta	80 ochenta	90 noventa	100 cien

a) **Ordena los números. Después, escucha y comprueba.** Ordne die Zahlen der Größe nach. Fange mit der kleinsten an. Vergleiche anschließend dein Ergebnis mit dem Audio.

1. sesenta y dos, veintiuno, cincuenta y cuatro, cuarenta y ocho
2. treinta y siete, ochenta y cinco, setenta y siete, cincuenta y uno
3. noventa y nueve, sesenta y seis, diecinueve, setenta y dos
4. cuarenta y seis, treinta y ocho, ochenta y tres, quince

b) **¿Qué número es? Trabajad en parejas.** Arbeitet zu zweit. Eine Person schreibt eine Zahl auf den Rücken. Die andere Person errät sie und sagt sie auf Spanisch.

7 Números de teléfono

a) **En parejas, preguntad y contestad.** Raúl möchte sich nach seinem Geburtstag bei seinen Gästen bedanken und sucht mit seiner Mutter die Telefonnummern heraus. Fragt und antwortet wie im Beispiel. Wechselt euch ab.

> ¿Cómo es el número de teléfono de la abuela Rosa?

> Es el cero cero treinta y cuatro,…

abuela Rosa: 0034 6 59 98 73 29
tío Marco: 0034 8 22 19 51 46
tío Jaime: 0034 7 35 27 89 66
prima Emilia: 0034 6 83 42 12 39

El país y la gente

Die **Vorwahl** von Spanien lautet 0034. Alle Rufnummern haben neun Ziffern. Festnetznummern beginnen mit 9 oder 8, Handynummern mit 6 oder 7. Jede spanische Provinz hat im Festnetz ihre eigene Vorwahl. Wie ist das in Deutschland?

b) **¿Y cómo es tu número de teléfono?** Wie lautet deine Telefonnummer?

ochenta y cinco **85**

8 ¿Cuántos primos tienes?

a) **Completa las preguntas con *¿Cuántos/-as...?* y contesta.**
Setze die richtige Form von *¿Cuántos/-as?* ein und beantworte die Fragen.

1. ¿~ alumnos hay en tu clase?
   – En mi clase hay...
2. ¿~ chicas hay en tu clase?
3. ¿~ profesores hay en tu instituto?
4. ¿~ libros hay en tu mochila?
5. ¿~ ventanas hay en tu clase?
6. ¿~ mesas hay en tu clase?

> **El idioma**
>
> Um nach der Anzahl von etwas zu fragen, benutzt man das Fragepronomen **¿Cuántos/-as?** Es wird in Numerus und Genus an das Substantiv angepasst. Das kennst du schon von den Adjektiven.
> Zum Beispiel: **¿Cuántos chicos** hay en la fiesta?
> **¿Y cuántas chicas?**

b) **Practicad en la clase.** Stellt euch gegenseitig die Fragen und beantwortet sie.
Stellt euch dann in der richtigen Reihenfolge von der kleinsten bis zur größten Zahl auf.

1. ¿Qué número tiene tu casa? – Mi casa tiene el número...
2. ¿Cuántos primos tienes? – Tengo... primos.
3. ¿Qué número de zapatos[1] tienes? – Mi número de zapatos es...
4. ¿Cuántos años tiene tu madre/padre? – Mi madre/padre tiene... años.
5. ¿Cuántas personas sois en tu familia? – En mi familia somos... personas.
6. ¿Cuántas sillas tenéis en casa? – Tenemos... sillas en casa.

🔊 9 Las familias de los chicos

p. 134 **¿Cuántos años tienen las personas? Escucha y apunta.**
Wie alt sind die Personen? Notiere.

[1] **el número de zapatos** die Schuhgröße

Parte B 4

10 ¿Cómo es tu familia?

p. 135

Imagínate que hablas con tu compañera de intercambio y presentas a tu familia. Haced el diálogo en parejas. Después, cambiad los roles. Stell dir vor, dass du mit deiner Austauschpartnerin sprichst und deine Familie vorstellst. Spielt zu zweit den Dialog und tauscht danach die Rollen. Fragt euch gegenseitig nach:

- eurem Namen und eurem Alter,
- der Anzahl, dem Alter und den Eigenschaften eurer Familienmitglieder,
- euren Haustieren und
- eurem Wohnort.

11 Entre idiomas

p. 150

Ana estudia alemán y quiere pasar sus vacaciones en Alemania con una familia. Contesta a sus preguntas en un e-mail. Deine Freundin Ana lernt seit Kurzem Deutsch und möchte die Ferien bei einer deutschen Familie verbringen. Sie hat diese Anzeigen gefunden und braucht deine Hilfe. Schreibe ihr eine E-Mail und beantworte ihre Fragen.

1. ¿Qué personas hay en las familias?
2. ¿Dónde viven las familias?

Hallo, wir sind eine kleine Familie. Ich heiße Lina, bin 12 Jahre alt und wohne zusammen mit meiner Mama Friederike und meinem Opa Andreas in Potsdam in einer Wohnung in der Nähe vom Park Sanssouci. Ich bin ruhig, meine Mama ist sehr lustig und mein Opa ganz schlau! Wir sind alle sympathisch! Ach ja, und unsere Katze heißt Mimi.

Ich bin Can, komme aus Duisburg und bin 13 Jahre alt. Dort wohne ich am Stadtrand mit meinen Eltern Mehmet und Gülcin und meinem Bruder Umut (16 Jahre alt). Wir haben ein Zimmer in unserer schönen Wohnung frei und suchen dich! Mein Bruder ist manchmal ein bisschen nervig, aber ich auch. 😉 Wir sprechen Deutsch, Türkisch, Englisch und ich auch ein bisschen Spanisch!

Wir suchen eine spanische Austauschschülerin! Wir sind Papa Samuel, Mama Natascha und unsere vier Kinder Elisa (14), Darja (12), Linus (10) und Milo (5). Wir wohnen in einem großen Haus in einem Dorf und haben auch zwei Pferde. Wir gehen gern am Wochenende in den Bergen wandern.

4 Parte B

Zusatzmaterialien: WES-113718-088

Al final

Stell dir vor, ihr habt mit eurer spanischen Austauschklasse ein Projekt zum Thema „Familia y amigos". Alle stellen ihre Familie, eine berühmte Familie aus Film und Fernsehen oder ihren Freundeskreis mit einem Lapbook vor.
Ein Lapbook ist ein Mini-Buch, das man aufklappen kann. Darin findet man kurze Texte, Bilder, Faltblätter, Fächer und andere visuelle Präsentationsformate.

- Sieh dir zunächst die Beispiele an und entscheide, welche Formate du nutzen möchtest, zum Beispiel kleine Klappen, Briefumschläge oder Fächer. Deiner Kreativität sind keine Grenzen gesetzt!

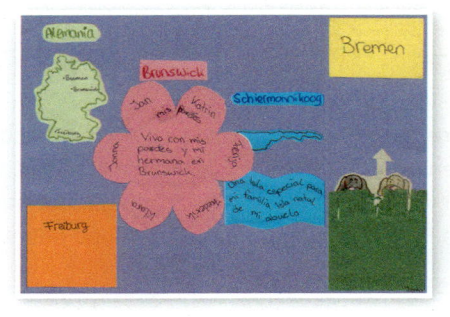

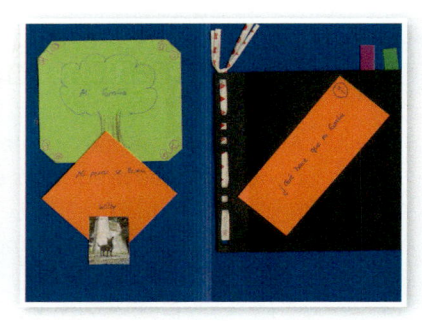

- Schreibe nun einen Text über jede Person, die du vorstellen möchtest. Beantworte zum Beispiel folgende Fragen:
  - ¿Cómo se llama la persona?
  - ¿Cuántos años tiene?
  - ¿De dónde es y dónde vive?
  - ¿Cómo es?
  - ¿Tiene mascotas?
  - ¿Cuándo quedáis y adónde vais?

- Entscheide, mit welchem Format du jede Person vorstellen möchtest. Erstelle die Teile des Lapbooks und schreibe deine Textentwürfe dafür noch einmal sauber ab.
Du kannst Fotos oder Avatare der Personen hinzufügen oder selbst zeichnen.

- Gestalte am Ende auch eine Titelseite mit einem passenden Titel.

- Stelle dein Lapbook in der Klasse vor und gebt euch gegenseitig Feedback.
Ihr könnt dafür den Feedbackbogen nutzen, den ihr über den QR-Code bzw. Webcode herunterladen könnt.

Brauchst du Hilfe?
Dann nutze das Arbeitsblatt, das du über den QR-Code bzw. Webcode herunterladen kannst.

Algo especial 4

Cómo hacer una piñata

a) **Lee las instrucciones y haz tu propia piñata.**
Lies die Anleitung und bastele eine eigene Piñata.

1. Dibuja la forma de tu piñata en un cartón dos veces.
2. Recorta[1] las dos piezas iguales. 
3. Pega[2] las piezas juntas. 
4. Corta tiras[3] de papel crepé. 
5. Pega las tiras en la piñata y decora la piñata con más detalles. 
6. Llena la piñata con chucherías y cuelga[4] la piñata para romperla. 

b) **Escucha y canta la canción.** Höre dir das Lied an und sing mit.

Canción para romper la piñata
Dale, dale, dale,
no pierdas el tino
porque si lo pierdes,
pierdes el camino.
Ya le diste una,
ya le diste dos,
ya le diste tres
y tu tiempo se acabó.

El país y la gente

Piñatas sind Figuren aus Pappe, die mit Süßigkeiten gefüllt und in einigen Ländern Lateinamerikas am Kindergeburtstag oder an Weihnachten aufgehängt werden. Den Kindern werden die Augen verbunden, und abwechselnd schlagen sie so lange mit einem Stock auf die **piñata** ein, bis die Süßigkeiten herausfallen. Die anderen singen und feuern das Kind an, das gerade an der Reihe ist. Die traditionelle **piñata** wurde mit Früchten gefüllt und sieht wie ein Stern mit sieben Spitzen aus. Heute sind auch andere Formen wie z. B. Tiere beliebt.

[1] **(re)cortar** (aus)schneiden [2] **pegar** kleben [3] **la tira** der Streifen [4] **colgar** aufhängen

4 Gramática y comunicación

Zusatzmaterialien:
WES-113718-090

1. Über die Familie sprechen

- el abuelo — la abuela — los abuelos
- la madre — el padre — los padres
- el tío — la tía — los tíos
- Lucía
- el hermano
- la prima

2. Personen und Gegenstände beschreiben: die Adjektive

So fragst du nach einer Person:	So antwortest du darauf:
¿**Quién es** la chica nueva?	La chica nueva es Yolanda.
¿**Quiénes son** los chicos altos?	Los chicos altos son Enrique y Abdel.

Im Spanischen gibt es drei Arten von Adjektiven:
- Adjektive, die auf **-o** oder **-a** enden (je nachdem, ob sie sich auf ein maskulines oder feminines Substantiv beziehen),
- Adjektive, die auf **-e** enden,
- Adjektive, die auf Konsonant enden.

Im Plural wird ein **-s** oder **-es** angehängt.

maskulin		feminin	
Singular	Plural	Singular	Plural
el chic**o** rubi**o**	**los** chic**os** rubi**os**	**la** chic**a** rubi**a**	**las** chic**as** rubi**as**
el libr**o** interesant**e**	**los** libr**os** interesant**es**	**la** vid**a** interesant**e**	**las** vid**as** interesant**es**
el jueg**o** genial	**los** jueg**os** genial**es**	**la** fiest**a** genial	**las** fiest**as** genial**es**

Anders als im Deutschen stehen die Adjektive im Spanischen meist **hinter dem Substantiv**. Sie richten sich in Numerus und Genus immer nach dem Substantiv, das sie beschreiben.

Das gilt auch für die Farbadjektive.

amarillo/-a* — azul — blanco/-a* — gris — marrón — morado/-a* — negro/-a — rojo/-a — verde

*Diese Wörter kannst du zusätzlich lernen.

Gramática y comunicación 4

3. Sagen, wer oder was zu einem gehört: die Possessivbegleiter

Wenn du sagen willst, wer oder was zu dir gehört, brauchst du die Possessivbegleiter. Die Endung der Possessivbegleiter richtet sich danach, was jemand „besitzt" und nicht nach dem Besitzer bzw. der Besitzerin.

	Singular		Plural	
yo	mi primo	mi prima	mis primos	mis primas
tú	tu primo	tu prima	tus primos	tus primas
él / ella	su primo	su prima	sus primos	sus primas
nosotros/-as	nuestro primo	nuestra prima	nuestros primos	nuestras primas
vosotros/-as	vuestro primo	vuestra prima	vuestros primos	vuestras primas
ellos / ellas	su primo	su prima	sus primos	sus primas

- **Nuestro/-a** und **vuestro/-a** haben eine maskuline und eine feminine Form. Alle anderen Possessivbegleiter unterscheiden sich nur im Singular und Plural.
- Der Possessivbegleiter **su** kann sich auf **él** und auf **ella** beziehen: **Esta es su familia.** – Das ist seine / ihre Familie.
- Der Possessivbegleiter **sus** kann sich auf **él, ellos, ella** und **ellas** beziehen: **Son sus padres.** – Es sind seine / ihre *(3. P. Singular oder 3. P. Plural)* Eltern.

4. Sagen, wohin man geht: das Verb **ir** und die Präposition **a**

Wenn du sagen willst, wohin du gehst oder fährst, benutzt du das unregelmäßige Verb **ir** und die Präposition **a**: **Voy a Madrid. Ir a** + Ortsangabe gibt also eine Richtung an.

ir *(gehen)*	
(yo)	voy
(tú)	vas
(él / ella)	va
(nosotros/-as)	vamos
(vosotros/-as)	vais
(ellos / ellas)	van

El idioma
¿Dónde? — Wo?
¿Adónde? — Wohin?
¿De dónde? — Woher?

In der 2. Person Plural wird kein Akzent gesetzt!

Möchtest du keinen Eigennamen, sondern ein Substantiv anschließen, musst du dazu den Artikel nennen: **Voy a la playa.** Achtung: Mit dem bestimmten Artikel **el** verschmilzt **a** zu **al**: **Voy al cine.** Es gibt jedoch eine Ausnahme: **Voy a casa.**

	casa		fiesta		cine
ir a	Madrid	ir a la	playa	ir al	parque
	Portugal		panadería		polideportivo

4 Repaso

1 Vocabulario

a) Busca la palabra que no pertenece al grupo y escribe un título para cada grupo.
Suche jeweils das Wort, das nicht zur Gruppe gehört, und schreibe eine passende Überschrift für jede Gruppe auf.

1	2	3	4	5
el hijo	castaño	negro	rubio	la piñata
el novio	pelirroja	broma	inteligente	el regalo
el pelo	rizado	azul	interesante	las chucherías
la pareja	liso	verde	simpática	las gafas
la abuela	pesado	roja	creativo	la tarta

b) Escribe los números en letras (1-5) y en cifras (6-10).
Schreibe die richtigen Zahlwörter (1-5) und Ziffern (6-10) auf.

1. 45 =
2. 50 =
3. 38 =
4. 26 =
5. 83 =

6. noventa =
7. sesenta y dos =
8. veintinueve =
9. cien =
10. setenta y uno =

2 Gramática

Completa el e-mail de Tito con los determinantes posesivos.
Vervollständige Titos E-Mail mit den Possessivbegleitern.

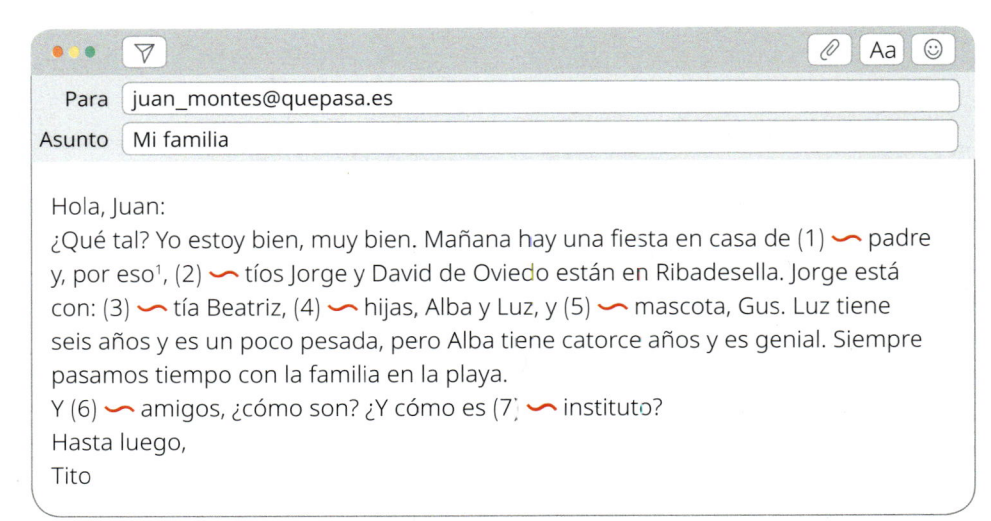

> mi (2x) • mis (1x) • tus (1x) • vuestro (1x) • su (1x) • sus (1x)

Para: juan_montes@quepasa.es
Asunto: Mi familia

Hola, Juan:
¿Qué tal? Yo estoy bien, muy bien. Mañana hay una fiesta en casa de (1) ⌒ padre y, por eso[1], (2) ⌒ tíos Jorge y David de Oviedo están en Ribadesella. Jorge está con: (3) ⌒ tía Beatriz, (4) ⌒ hijas, Alba y Luz, y (5) ⌒ mascota, Gus. Luz tiene seis años y es un poco pesada, pero Alba tiene catorce años y es genial. Siempre pasamos tiempo con la familia en la playa.
Y (6) ⌒ amigos, ¿cómo son? ¿Y cómo es (7) ⌒ instituto?
Hasta luego,
Tito

[1] por eso deshalb

Repaso 4

3 Comprensión auditiva

a) **Lucía y Yolanda hablan de un chico nuevo del instituto. Escucha el diálogo y apunta la información.** Lucía und Yolanda sprechen über einen neuen Jungen an der Schule. Höre den Dialog und notiere die Informationen über ihn.

> Nombre[1]: ～
> Edad[2]: ～
> Carácter: ～
> Pelo: ～
> Ojos: ～

b) **Florencia habla de su familia. Escucha y completa la tabla en tu cuaderno.** Höre zu, was Florencia über ihre Familie erzählt. Vervollständige die Tabelle in deinem Heft.

	¿Cómo se llama?	¿Cuántos años tiene?
el padre	～	～
la madre	～	～
la hermana	～	～
el hermano	～	～

4 Expresión oral

¿Quién es? Jugad en parejas. Spielt zu zweit „Wer ist es?". Jede/r sucht sich eine Person aus und der/die andere muss sie durch Fragen herausfinden. Man darf nur mit „ja" oder „nein" antworten. Spielt mindestens drei Runden.

Ejemplo:
¿Es una persona con gafas? – Sí.
¿Tiene el pelo negro? – Sí.
Ah, entonces es…

Tamara · Lili · Sheyla · Julieta · Noah · Jennifer

Marcos · Laura · Luis · Mateo · Alina · Leo

[1] **el nombre** der Vorname [2] **la edad** das Alter

5 Nuestro tiempo libre

p. 142

1 En parejas, relacionad las fotos con las actividades de la casilla.

La foto número 1 es montar a caballo.

Sí, así es. / No, no es así. La foto número 1 es...

nadar • leer • jugar al fútbol • tocar el piano • ir de compras • bailar • escuchar música • jugar a los videojuegos • montar a caballo • ver series

2 ¿Qué actividad es? Jugad en grupos. Spielt in Kleingruppen. Eine Person stellt eine der Aktivitäten von den Fotos mit Mimik und Gestik dar. Die anderen raten, welche Aktivität gemeint ist.

94 noventa y cuatro

Nuestro tiempo libre 5

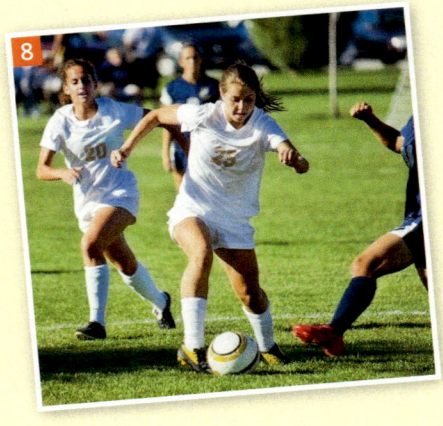

3 a) ¿Qué les gusta? Escucha y escribe los números de las fotos. Was gefällt Paula, Juan, Milagros und Agustín? Höre zu und schreibe die Bildnummern auf.

b) En parejas, preguntad y contestad qué (no) os gusta.
Fragt euch gegenseitig, was euch (nicht) gefällt, und antwortet.

¿Qué te gusta?

A mí me gusta leer, pero no me gusta nadar. ¿Y a ti?

A mí me gusta...

Nach dieser Lektion erstellst du während eines Austauschs in Spanien einen Flyer für ein Schulfest. Dafür lernst du,
→ über deine Hobbys zu sprechen.
→ zu sagen, was du (nicht) magst.
→ Vorschläge zu machen.
→ die Uhrzeit anzugeben.
→ nach dem Grund zu fragen und deine Meinung zu begründen.
→ Kleidung zu benennen.

noventa y cinco 95

5 Parte A

Zusatzmaterialien:
WES-113718-096

🔊 1 ¡Hola, compañeros de Alemania!

Los chicos participan en un intercambio con un instituto de Alemania.
Aquí escriben sus perfiles para los compañeros.

Hola, me llamo **Lucía** y tengo doce años. Soy de Madrid y soy alumna del instituto IES San Isidro. En mi tiempo libre monto a caballo. En las vacaciones vamos a Ribadesella. Allí hay un festival famoso. Montan a caballo en la playa. Es muy chulo. 😊
En nuestra casa tenemos una batería. Después del insti, toco la batería y hago mis deberes, claro. ¡Me gusta la música! Y tú, ¿tocas instrumentos?

¡Buenos días! Mi nombre es **Omar**. En mi tiempo libre hago un montón de cosas. Me gusta ir al parque con mi perro Copito. También me gustan los videojuegos y el fútbol. En el recreo juego siempre al fútbol con mi amigo Raúl. Él es fan del Real Madrid y yo del F.C. Barcelona. 😳
Y tú, ¿juegas al fútbol? ¿Y qué haces los fines de semana? A mí los sábados me gusta ir de compras con mis amigos.

Hola, me llamo **Yolanda**. Soy de Colombia, pero ahora vivo en Madrid con mis padres y mis tres hermanos pequeños. Tengo un montón de aficiones: los lunes y los miércoles por la tarde hago deporte. No me gusta el fútbol, pero me gusta nadar y ver series. Además, me gustan los animales, pero tengo alergia a los perros. Nuestro instituto es genial. Me gusta la clase de Informática porque programamos juegos. ¡Mola mucho! 😊

¡Hola! Soy **Raúl**, el primo del futbolista Lamine Yamal. Nooo, ¡es broma! El Real Madrid es mi equipo de fútbol favorito. Para mi amiga Yolanda soy un poco pesado porque hago un montón de bromas. A ella no le gustan mis bromas. 😉
Normalmente por la tarde juego a los videojuegos o leo libros.
¿A qué videojuegos jugáis en Alemania? En España, mis amigos y yo siempre jugamos al fútbol en la consola.

a) Lee los perfiles y elige la frase correcta.

En los textos hay información sobre…
1. un intercambio.
2. las aficiones de Lucía, Raúl, Yolanda y Omar.
3. un programa de deportes en el instituto.
4. la clase de Lucía y Raúl.

> **El país y la gente**
>
> Die Fußballclubs **Real Madrid** und **FC Barcelona** sind die erfolgreichsten und beliebtesten in Spanien. Traditionell gibt es eine große Rivalität zwischen den Fans. Die Spiele zwischen den beiden Clubs werden **El Clásico** genannt.

b) **¿Quién es? Relaciona las frases con los cuatro chicos de los textos.**

1. Es una persona graciosa y, a veces, pesada.
2. Tiene alergia a los perros.
3. Su equipo favorito es el Real Madrid.
4. Toca un instrumento.
5. Le gusta ir de compras.

2 Los compañeros del intercambio

a) **Lee otra vez los textos de la página 96. Haz una tabla y apunta las aficiones de los chicos.** Lies noch einmal die Texte von Seite 96 und schreibe die Hobbys der Jugendlichen in eine Tabelle.

	aficiones
Lucía	*montar a caballo, …*
Omar	…
Yolanda	…
Raúl	…

b) **Escucha y relaciona las aficiones con las personas.** Die deutschen Schülerinnen und Schüler haben ihre Steckbriefe nach Spanien geschickt. Lucías Lehrerin liest sie in der Klasse vor. Höre zu und ordne die Hobbys den Personen zu.

A Emma B Lukas C Mustafa D Dina

1. ser fan del Real Madrid   2. leer   3. quedar con amigos   4. jugar a los videojuegos
5. ir al parque con el perro   6. jugar al fútbol   7. ver series   8. bailar
9. ir al cine   10. tocar el piano   11. ir al mercadillo   12. nadar

c) **Lucía, Omar, Yolanda y Raúl eligen a sus compañeros según las aficiones. Relaciona.**
Lucía, Omar, Yolanda und Raúl suchen sich ihre/n Austauschpartner/in nach gemeinsamen Hobbys aus. Vergleiche die Interessen miteinander und entscheide dann, wer am besten zusammen passt.
Ejemplo: La compañera / el compañero de Lucía es… porque…

5 Parte A

Zusatzmaterialien:
WES-113718-098

3 Me gusta…

p. 136

a) **¿*Me gusta* o *me gustan*?** Wann verwendest du **me gusta** und wann **me gustan**?
Sieh dir die Beispiele in den Texten von Seite 96 an und formuliere mithilfe der Wörter von unten eine Regel.

> Plural   Singular   Verben im Infinitiv   Substantiv

b) **Mira el vídeo sobre el verbo *gustar* y comprueba.** Sieh dir das Video bis Minute 1:35 an und überprüfe deine Regel aus Aufgabe a).

c) **Completa la tabla con las palabras de la casilla.**

> la música • las fiestas • hablar en clase •
> los bocadillos de la cafetería • los perros •
> tocar la batería • mis amigos • cantar •
> jugar a los videojuegos • el perro de Omar

(No) me gusta…	(No) me gustan…
la música	…
…	

d) **Completa las frases con *gusta* o *gustan*.**

1. Me ⌣ ir de compras.
2. Me ⌣ la clase de Informática.
3. Me ⌣ las series de Alemania.
4. No me ⌣ el teatro.
5. Me ⌣ chatear.
6. No me ⌣ los deportes.

4 ¿Qué te gusta?

Y a ti, ¿qué te gusta? En parejas, preguntad y contestad como en el ejemplo.
Usad las aficiones de la casilla y las frases de *Así se dice* (página 99).

> la playa • sacar fotos • montar a caballo • los deberes • los deportes • el instituto •
> las clases de Español • las Matemáticas • quedar con amigos • ir al cine • el helado • …

¿Qué te gusta?
Me gusta la playa.
A mí también.

¿Qué no te gusta?
No me gustan los deberes.
A mí tampoco.

Parte A 5

Así se dice

So fragst du, ob jemandem etwas gefällt:
¿Qué (no) te gusta?
Y a ti, ¿qué (no) te gusta?

So antwortest du:
Me gusta nadar / el sol.
Me gustan las vacaciones.

No me gusta el fútbol.
No me gustan los turistas.

So reagierst du:
zustimmend = A mí también. 🙂
ablehnend ≠ Pero a mí no. 😒

zustimmend = A mí tampoco. 😒
ablehnend ≠ Pero a mí sí. 🙂

5 ¿Qué le gusta a... ?

¿Qué le gusta a Yolanda y a su familia?
Forma frases como en el ejemplo.
Was gefällt Yolanda und ihrer Familie?
Bilde Sätze wie im Beispiel.
Ejemplo: A Yolanda le gusta tocar el piano.

1  A Yolanda...

2 A Enrique...

3 A Rosario...

4 A Carlota...

5 A Alberto...

6 A Sofía...

El idioma

A mí, a ti, a él/ella... kannst du normalerweise auch weglassen. Du verwendest sie nur, wenn du besonders betonen möchtest, wem etwas gefällt. **A mí me gusta chatear.**

5 Parte A

6 Una encuesta en clase

a) **¿Qué actividades y qué asignaturas os gustan? Haced una encuesta.**
Welche Aktivitäten und welche Unterrichtsfächer gefallen euch? Macht eine digitale Umfrage oder geht durch die Klasse und fragt euch gegenseitig.

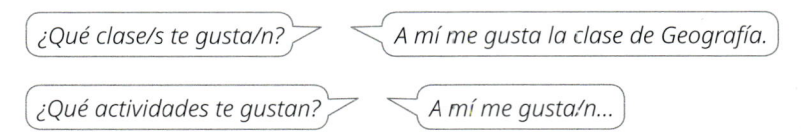

- ¿Qué clase/s te gusta/n?
- A mí me gusta la clase de Geografía.
- ¿Qué actividades te gustan?
- A mí me gusta/n…

b) **Presentad vuestros gustos en clase.** Stellt eure Vorlieben in der Klasse vor.
Ejemplo: A Suzann le gustan los videojuegos y a mí también.
A Leo no le gusta la clase de Matemáticas, pero a mí sí.

7 A descubrir

a) **Dibuja y completa el zapato en tu cuaderno.** Zeichne den Schuh in dein Heft und ergänze die Formen von **jugar**. Du findest sie in den Texten auf Seite 96.

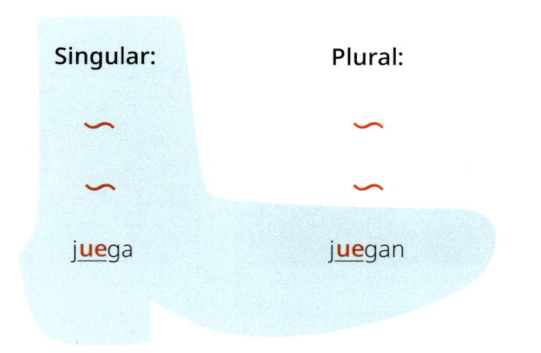

Singular:
—
—
j**ue**ga

Plural:
—
—
j**ue**gan

> **El idioma**
> Es gibt noch weitere Verben, bei denen aus einem Vokal im Infinitiv zwei werden, die wie eine Silbe ausgesprochen werden:
> t**e**ner e → ie
> p**o**der *(können)* o → ue
> qu**e**rer *(wollen)* e → ie

b) **Mira las frases.** Sieh dir die Sätze an. Wann verwendest du **jugar** und wann **tocar**?

 🇪🇸	 🇬🇧	 🇩🇪
Toco el piano.	I play piano.	Ich spiele Klavier.
Toco la batería.	I play drums.	Ich spiele Schlagzeug.
Juego al fútbol.	I play soccer.	Ich spiele Fußball.
Juego a los videojuegos.	I play video games.	Ich spiele Videospiele.

> **El idioma**
> Achte bei dem Verb **jugar a algo** darauf, dass die Präposition **a** mit dem Artikel **el** zu **al** verschmilzt, wenn ein maskulines Substantiv folgt: **Juego al fútbol.**
> Aber: **Juego a las cartas.**

8 ¿Cómo es tu día?

a) Omar y Yolanda hablan en la cafetería del instituto.
   Escucha y elige los dibujos que corresponden al diálogo.

b) Escucha otra vez y contesta a las preguntas.

   1. ¿Qué día de la semana quedan Yolanda y Omar?
   2. ¿Dónde quedan?

9 ¿Qué hacen los chicos?

a) **Escribe las formas de *hacer* y *ver*.** Suche die Formen von **hacer** und **ver** in der Wortschlange und schreibe sie in eine Konjugationstabelle.

hacesvevenhacéishagoveisveohacemosvemoshacenveshace

p. 141

b) ¿Qué hacen los chicos por la tarde y qué hacéis vosotros? Forma frases.
   Ejemplo: Hago deporte.

(Yo)	hacer	la batería • series • deporte • un vídeo •
(Tú)	jugar	los deberes • al fútbol • a los videojuegos •
Omar	tocar	el piano • ...
Mi amigo/-a y yo	ver	
(Vosotros/-as)		
Lucía y Raúl		

5 Parte B

Zusatzmaterialien: WES-113718-102

1 Podemos ir al mercadillo

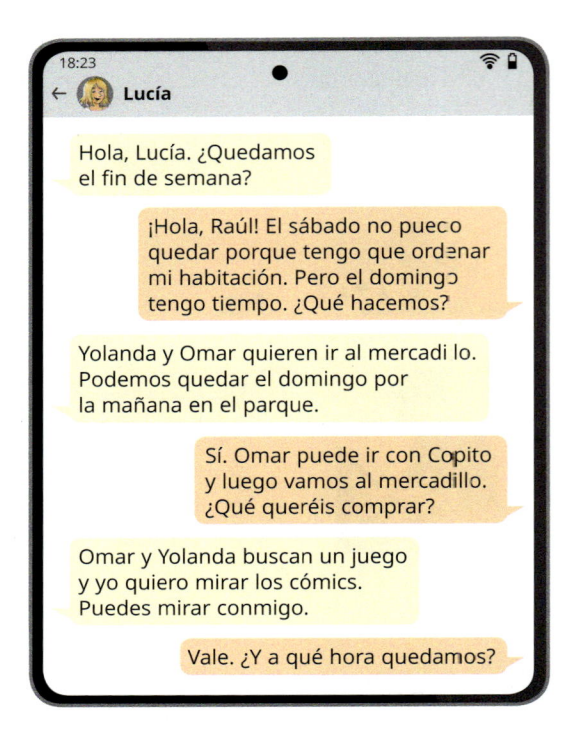

Lucía

> Hola, Lucía. ¿Quedamos el fin de semana?

> ¡Hola, Raúl! El sábado no puedo quedar porque tengo que ordenar mi habitación. Pero el domingo tengo tiempo. ¿Qué hacemos?

> Yolanda y Omar quieren ir al mercadillo. Podemos quedar el domingo por la mañana en el parque.

> Sí. Omar puede ir con Copito y luego vamos al mercadillo. ¿Qué queréis comprar?

> Omar y Yolanda buscan un juego y yo quiero mirar los cómics. Puedes mirar conmigo.

> Vale. ¿Y a qué hora quedamos?

a) Lee el chat entre Lucía y Raúl y completa las frases.

1. El sábado Lucía…
2. El domingo los chicos quedan… Después, …
3. Quieren comprar…

b) Mira el vídeo sobre los verbos modales y completa la regla.

> Die Verben ⌒ *(können)*, ⌒ *(wollen)* und ⌒ *(müssen)* sind Modalverben. Wie im Deutschen verwendet man ⌒ einem Modalverb immer ein zweites Verb, das im ⌒ steht.

c) En parejas, jugad con dos dados y formad frases. Spielt zu zweit. Eine Person würfelt mit zwei Würfeln. Die andere Person bildet einen vollständigen Satz.

Ejemplo: ⚀ + ⚄ = Por la tarde puedo ir a la piscina.

El fin de semana	⚀ = (yo)	⚀ = querer	ir a la piscina.
Por la tarde	⚁ = (tú)	⚁ = querer	jugar al fútbol.
Después del instituto	⚂ = (él/ella)	⚂ = poder	hacer los deberes.
El viernes	⚃ = (nosotros/-as)	⚃ = poder	ir a una fiesta.
De lunes a viernes	⚄ = (vosotros/-as)	⚄ = tener que	hacer una tarta.
Mañana	⚅ = (ellos/ellas)	⚅ = tener que	ordenar mi habitación.
…			…

2 ¿Qué hora es?

a) **En parejas, mirad el reloj y completad.** Seht euch zu zweit die Uhr an und findet heraus, wie auf Spanisch die Uhrzeit gebildet wird. Ergänzt die fehlenden Sätze.

13:00 Uhr: Es la una.
13:05 Uhr: Es la una y cinco.
13:10 Uhr: Es la una y diez.
13:15 Uhr: ～
13:20 Uhr: ～
13:25 Uhr: ～
13:30 Uhr: ～
13:35 Uhr: Son las dos menos veinticinco.
13:40 Uhr: ～
13:45 Uhr: ～
13:50 Uhr: ～
13:55 Uhr: ～
14:00 Uhr: Son las dos.

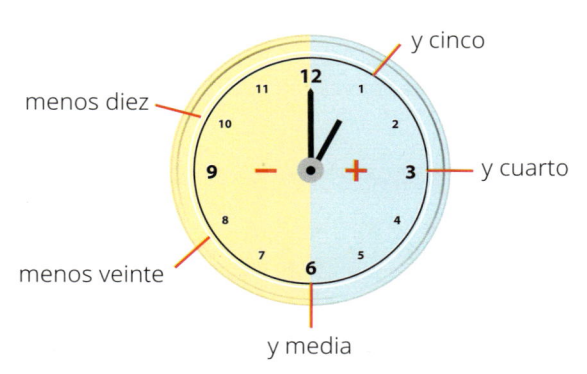

b) **En parejas, preguntad por la hora y contestad.**

1. 14:15   2. 3:30   3. 23:55   4. 6:15
5. 22:40   6. 19:05   7. 1:10   8. 3:35

¿Qué hora es? — Son las dos y cuarto.

El idioma
Beim Nennen der Uhrzeit werden im Spanischen nur die Zahlen 1 bis 12 benutzt. Die Tageszeit kannst du so angeben:
las ocho de la mañana = 8 Uhr
las tres de la tarde = 15 Uhr
las diez de la noche = 22 Uhr

Así se dice
So fragst du nach der Uhrzeit:
¿Qué hora es?

So antwortest du darauf:
Son las... / Es la...

So fragst du nach einem Zeitpunkt:
¿A qué hora...?
¿Cuándo ...?

So antwortest du darauf:
A la(s) ...

c) **Formula la pregunta o la respuesta.**

1. ¿A qué hora quedamos? – ～.
2. ¿～? – Hago los deberes a las tres de la tarde.
3. ¿A qué hora vas al instituto? – ～.
4. ¿～? – A las seis y media tengo clase de piano.
5. ¿A qué hora juegas al fútbol? – ～.

3 ¿Qué hora es en...?

En parejas, buscad en internet qué hora es ahora en estas ciudades. Preguntad y contestad como en el ejemplo. Recherchiert zu zweit nach der aktuellen Uhrzeit in den folgenden Städten. Fragt und antwortet wie im Beispiel und sucht zuerst jeden Ort auf den Karten im Einband.

¿Qué hora es en Cádiz, España?

En Cádiz son las... / En Cádiz es la...

1. Cádiz, España
2. Buenos Aires, Argentina
3. Las Palmas de Gran Canaria, España
4. Bogotá, Colombia
5. Tegucigalpa, Honduras
6. La Habana, Cuba

4 Espacio cultural

Vor einem Schüleraustausch sucht ihr Informationen zum Tagesablauf in Spanien. Beantwortet folgende Fragen und vergleicht anschließend mit den Uhrzeiten und Öffnungszeiten, die ihr aus Deutschland gewöhnt seid.

1. Wann öffnen Supermärkte in Madrid?
2. Wann fängt die Schule an?
3. Wann machen die Geschäfte Mittagspause?
4. Wann isst man zu Abend?

5 Un mensaje de Martín

a) **Tu compañero de intercambio te manda un vídeo. En el vídeo cuenta qué ropa necesitas en Alicante. Mira el vídeo y relaciona las fotos con las palabras.**
Dein Austauschpartner schickt dir ein Video. Er erzählt, welche Kleidung du in Alicante brauchst. Sieh dir das Video an und ordne die Fotos von Seite 105 den Wörtern zu.

Parte B 5

| 1 | 2 | 3 | 4 | 5 |
| 6 | 7 | 8 | 9 | 10 |

un jersey • una falda • una chaqueta • un pantalón • unos vaqueros • un vestido • una sudadera • unas zapatillas • unos zapatos • una gorra

b) **Mira otra vez el vídeo y contesta.** ¿Qué ropa lleva normalmente Martín? ¿Cómo es el *outfit* favorito de María?

c) **Describe tu *outfit* favorito.** ¿Qué ropa te gusta llevar? ¿De qué colores?
Beschreibe dein Lieblingsoutfit. Welche Kleidung und welche Farben trägst du gern? Die Farbadjektive findest du auf Seite 90.

p. 144

6 Aprender con estrategias

Wenn man eine neue Sprache lernt, muss man regelmäßig Vokabeln lernen. Dafür gibt es verschiedene Möglichkeiten: mit der Vokabelliste, mit einer App, mit passenden Bewegungen, mit Klebezetteln oder auch mit Karteikarten.

a) **Haz tarjetas con el vocabulario de la ropa.** Schreibe dir zu jedem Kleidungsstück von Aufgabe 5 eine Karteikarte. Auf die Vorderseite schreibst du die spanische Vokabel mit einem Beispielsatz. Auf die Rückseite schreibst du die deutsche Bedeutung. Wenn du möchtest, kannst du auch ein Bild dazu malen.

> *los vaqueros*
>
> *Tengo unos vaqueros nuevos.*

b) **Aprende las palabras con las tarjetas.** Lerne die neuen Wörter mithilfe der Karten. Wenn du die Bedeutung eines Wortes weißt, legst du die Karte nach links. Sagst du es falsch oder fällt dir das Wort nicht ein, legst du die Karte nach rechts. Lerne so lange, bis alle Karten auf dem linken Stapel liegen.

5 Parte B

Zusatzmaterialien: WES-113718-106

7 ¿Qué hay en las maletas?
p. 136

Los chicos de Alemania hacen la maleta para el intercambio. ¿Qué ropa llevan?
Ejemplo: En la maleta A hay…

8 ¿Quedamos?
p. 141

Los compañeros alemanes del intercambio están ahora en España.
Escucha el diálogo entre Omar y su amiga Marta y elige las horas correctas.

1. Quedan en el parque a la/s… a. 13:00 b. 15:00 c. 16:30
2. La película¹ es a las… a. 18:30 b. 18:45 c. 19:15
3. Toman algo a las… a. 20:00 b. 20:30 c. 21:00
4. Hay un autobús² a las… a. 19:30 b. 20:30 c. 20:45
5. Omar tiene que estar en casa a las… a. 21:00 b. 21:30 c. 22:00

9 El programa del intercambio

¿Cómo es la semana del intercambio? Escribe frases.
Ejemplo: El lunes a las ocho y cuarto los alumnos tienen clase de Música.

lunes	8:15 tener clase de Música, 13:00 comer en la cafetería
martes	9:00 ir al Museo del Prado
miércoles	10:15 ir a un mercadillo
jueves	8:30 jugar al fútbol
viernes	7:45 hacer una excursión a la montaña, 16:00 tener tiempo libre
sábado	10:30 ir de compras al centro
domingo	15:00 ir al aeropuerto

¹la película der Film ²el autobús der Bus

Parte B 5

🔊 10 Un diálogo en clase

a) Escucha el diálogo entre los chicos y su profesor. ¿De qué no hablan?

1. del primer[1] día del intercambio
2. del recreo
3. de las aficiones de sus compañeros

b) ¿A qué clase quieren ir los chicos? Relaciona los nombres con las clases.

1. Omar
2. Lucía
3. Raúl
4. Yolanda

A. Informática
B. Educación Física (2x)
C. Música

c) **Ordena las actividades.** Bringe die Aktivitäten in die richtige Reihenfolge.

a. hacer una excursión
b. ir a una clase
c. quedar en la biblioteca
d. comer en la cafetería

11 ¿Por qué?

Los chicos hablan sobre su tiempo libre. En parejas, preguntad y contestad como en el ejemplo. Usad las ideas de la casilla para las respuestas.

> Raúl, ¿**por qué** no puedes ir a la fiesta?

> No puedo ir **porque** es el cumpleaños de mi abuela.

El idioma
Vor **porque** steht kein Komma und **porque** steht nie am Satzanfang.

1. Raúl (tú) – no poder ir a la fiesta
2. Lucía, Yolanda y Omar (ellos) – estar en casa
3. Yolanda (ella) – no nadar hoy
4. Miguel (tú) – no comprar el jersey
5. Lucía y tú (vosotros/-as) – estar en el centro
6. Lucía y Yolanda (ellas) – no ir al cine
7. Nosotros/-as – no jugar al fútbol hoy

- ser el cumpleaños de…
- (no) tener tiempo libre
- tener un montón de deberes
- no tener dinero[2]
- ver series
- tomar un helado
- …

[1] **primer** erste [2] **el dinero** das Geld

5 Parte B

Zusatzmaterialien: WES-113718-108

p. 148

12 Hoy no puedo

Un/a amigo/-a quiere quedar, pero tú no puedes. En parejas, haced diálogos.
Verabredet euch zu zweit. Eine/r macht einen Vorschlag, der/die andere reagiert. Verwendet mindestens drei Aktivitäten aus dem Kasten.

> ir al cine • ir al parque • quedar con los compañeros • jugar al fútbol • ir a la piscina • tocar el piano • tomar un refresco • …

Así se dice

So machst du einen Vorschlag:
¿Por qué no vamos al cine?
¿Quieres ir de compras?
Podemos jugar al fútbol.

So reagierst du auf einen Vorschlag:
😊 Sí, ¡genial! / Vale. / Sí, claro.
😕 No, no me gusta ir de compras. / No, no quiero.
☹️ Quiero jugar al fútbol, pero no puedo. Tengo que….

Al final

Stell dir vor, du nimmst an einem Austausch in Spanien teil. Der letzte Tag fällt mit dem Schulfest zusammen. Vorab gibt es einen Wettbewerb, bei dem die Schülerinnen und Schüler das Programm mitbestimmen können und einen Flyer gestalten. Du möchtest mitmachen, denn das beste Programm wird umgesetzt und der Flyer ausgehängt.

- Überlege dir ein Programm für das Schulfest.

- Erstelle einen Flyer mit den folgenden Angaben:
  – ¿Qué actividades / clases hay?
  – ¿A qué hora son las actividades?

- Stelle deinen Flyer in der Klasse vor.

  > En la fiesta podéis…   A las… hay…
  > A las… podéis…   Después, hay… / podéis…
  > Al final…

- Arbeitet nun in Kleingruppen und nehmt mehrere Flyer in die engere Auswahl. Legt das finale Programm gemeinsam fest, indem ihr Vorschläge macht und euch auf Aktivitäten und Uhrzeiten einigt. Sprecht auch darüber, was ihr auf dem Schulfest anziehen wollt.

📄 **Brauchst du Hilfe?** Dann nutze das Arbeitsblatt, das du über den QR-Code bzw. Webcode herunterladen kannst.

FIESTA DE FIN DE CURSO — PROGRAMA

¡BIENVENIDOS/AS A NUESTRA FIESTA!
Actividades 2025

HORA	LUGAR	ACTIVIDAD
9:00 – 10:00	PATIO DE RECREO	FÚTBOL, BALONCESTO, TENIS
10:00 – 11:00	AULA 123	TOCAR INSTRUMENTOS
11:00 – 12:00	AULA 118	KARAOKE, CLASE DE BAILE
12:00 – 13:00	SALA DE ORDENADORES	PROGRAMAR VIDEOJUEGOS
13:00 – 14:00	CAFETERÍA	PAELLA

¿QUIERES IR A LA FIESTA? Puedes participar en 4 actividades y comer paella o migas al mediodía. ¡Hay plazas limitadas!

24.06.2025 ¡APÚNTATE!

Una oferta del Instituto IES Son Isidro

Algo especial 5

El día de Gaturro

[Comic: Gaturro]
- Viñeta 1: AHORA PLANIFICO TODO EN MI AGENDA
- Viñeta 2: 11.00 hs. tomar sol
- Viñeta 3: 13.00 hs. Almuerzo
- Viñeta 4: 15.00 hs. Siestita
- Viñeta 5: 18.00 hs. Ver tele
- Viñeta 6: ¡JE! AL FIN SOY UN VAGO ORGANIZADO...

a) **Lee el cómic y relaciona los símbolos con las horas.** Lies den Comic und ordne die Uhrzeiten den Symbolen zu. Ein Symbol bleibt übrig.

   A. 18:00   B. 15:00   C. 13:00   D. 11:00

   1. 🍽   2. 🏃   3. ⛱   4. 🛏   5. 📺

b) **Presenta el día del gato Gaturro.**
   Ejemplo: Por la mañana Gaturro... A las...

c) Y tú, ¿qué haces en un día ideal? Escribe un programa con las horas y las actividades o haz un cómic como el de Gaturro.

d) Presentad vuestros programas o cómics. ¿Qué diferencias hay?

El país y la gente

Nach dem Mittagessen, also ab ca. 14 Uhr, gibt es in Spanien die **siesta**. Es ist ein Mittagsschlaf, den einige vor allem während der heißen Sommermonate machen.
In Spanien ist es auch typisch, dass kleine Geschäfte eine Mittagspause machen, die zwei bis drei Stunden dauert. Einige nutzen diese Pause, um eine **siesta** zu machen.

---

el almuerzo das Mittagessen **la siestita** das Mittagsschläfchen **el vago** der Faulpelz

5 Gramática y comunicación

Zusatzmaterialien: WES-113718-110

1. Sagen, was dir (nicht) gefällt: das Verb **gustar**

So fragst du, ob jemandem etwas gefällt:	So sagst du, ob dir etwas gefällt oder nicht:
¿Qué te gusta?	Me gusta bailar.
Y a ti, ¿qué te gusta?	Me gustan las clases de Inglés.
¿Te gusta nadar / ver series / …?	Sí, me gusta ver series.
¿Te gusta la playa / el intercambio / …?	Sí, me gusta el intercambio.
¿Te gustan las vacaciones / las montañas / …?	No, no me gustan las montañas.

Um auszudrücken, was dir (nicht) gefällt, nutzt du das Verb **gustar**.
Sätze mit **gustar** folgen immer dem gleichen Aufbau:

Me   **gusta**   jugar al fútbol.

¿A quién? (Wem gefällt? = Dativobjekt)		gustar (Verb)	¿Qué gusta? (Was gefällt? = Subjekt)	
(A mí)	me			jugar al fútbol.
(A ti)	te		Singular	el libro.
(A él / ella)	le	gus**ta**		chatear y nadar.
(A nosotros/-as)	nos			
(A vosotros/-as)	os	gus**tan**	Plural	los libros.
(A ellos / ellas)	les			los mercadillos.

Um zu betonen, wem etwas gefällt, kannst du **A mí / A t**i **/ …** voranstellen: <u>**A mí** me gusta bailar.</u>

2. Über Freizeitaktivitäten und Hobbys sprechen

Las aficiones:
bailar, cantar, escuchar música, grabar vídeos, hacer deporte, jugar al fútbol,
jugar a los videojuegos, jugar con la mascota. leer un libro, montar a caballo,
nadar / ir a la piscina, pasar tiempo con los amigos, pasear al perro,
quedar con los amigos, ir de compras, ir al cine, ir al teatro, sacar fotos,
tocar la batería, tocar el piano, ver series…

Wie die Verben **hacer, jugar** und **ver** konjugiert werden,
kannst du auf Seite 153 nachschlagen.

| jugar al baloncesto* |  escalar* |  hacer judo* |  tocar la guitarra* |  ir en monopatín* |

*Diese Wörter kannst du zusätzlich lernen.

Gramática y comunicación 5

3. Die Uhrzeit erfragen und angeben

So fragst du nach der Uhrzeit:	So antwortest du:	
¿Qué hora es?	10:00	Son las diez de la mañana.
	13:00	**Es** la una de la tarde.
	14:15	Son las dos y cuarto de la tarde.
	15:30	Son las tres y media de la tarde.
	21:45	Son las diez menos cuarto de la noche.
So fragst du nach einem Zeitpunkt:	**So antwortest du:**	
¿**A** qué hora quedamos?	Quedamos **a** las dos de la tarde.	
¿Cuándo abre la tienda?	La tienda abre **a** las ocho de la mañana.	

4. Über Kleidung sprechen

La ropa:
la camiseta, la chaqueta, la falda, la gorra, el jersey, el pantalón, la sudadera, los vaqueros, el vestido, las zapatillas, los zapatos…

| la bufanda* | los calcetines* | la camisa* | las gafas de sol* |

Um zu sagen, welche Kleidung jemand trägt, verwendest du das Verb **llevar**:
¿Qué ropa <u>llevas</u> normalmente? – <u>Llevo</u> una camiseta y unos vaqueros azules.

▶ 5. Vorschläge machen und darauf reagieren: die Modalverben

So machst du einen Vorschlag:	So reagierst du auf einen Vorschlag:
¿**Por qué no** vamos al cine?	Sí, ¡genial!
¿**Quieres** quedar con los compañeros?	Vale.
Podemos ir al cine.	Lo siento, pero no tengo tiempo.
	Quiero ir al cine, pero **tengo que** estudiar.

Poder, **querer** und **tener que** sind Modalverben. Wie im Deutschen verwendest du nach einem Modalverb immer ein Verb im Infinitiv: **Quiero hablar.** – Ich möchte sprechen.

Wie diese Verben konjugiert werden, kannst du auf den Seiten 152-153 nachschlagen.

5 Repaso

1 Vocabulario

a) Relaciona los verbos con las palabras correspondientes.

1. tocar
2. jugar
3. escuchar
4. montar
5. ver
6. hacer
7. ir

A. de compras
B. series
C. deporte
D. música
E. el piano
F. a los videojuegos
G. a caballo

b) Escribe una frase con cada actividad del ejercicio a).

2 Gramática

a) Carlos habla con su amiga Sasha. Completa el diálogo con la forma correcta del verbo *gustar*.

Carlos: ¡Hola, Sasha! ¿Qué tal? ¿Te (1) ⌒ ir al cine y montar a caballo en tu tiempo libre?
Sasha: Bueno, me (2) ⌒ el cine, pero no me (3) ⌒ montar a caballo.
Carlos: ¿No? A mí sí me (4) ⌒ montar a caballo. Pero no me (5) ⌒ jugar al baloncesto porque mi hermano es un poco pesado.
A él le (6) ⌒ ganar[1] siempre.
Sasha: Ay, vaya. Y ¿te (7) ⌒ ir al cine?
Carlos: Sí, claro. ¿Por qué no quedamos un día y vemos una película[2]?
Sasha: Vale. ¿Qué películas te (8) ⌒? A mí me (9) ⌒ las películas de terror.
Carlos: Ay, las películas de terror también me (10) ⌒.
Sasha: Genial. Vemos la película y luego tomamos algo. ¿Te (11) ⌒ el plan?
Carlos: Sí, me (12) ⌒.

b) Lucía chatea con su compañera de intercambio. Completa el diálogo con los verbos modales.

Lucía: Hola, Elena, ¿qué (1) ⌒ (querer) hacer por la tarde?
Elena: (2) ⌒ (poder, nosotras) quedar con tus amigos o hacer algo con tu familia.
Lucía: Mi madre (3) ⌒ (querer) ir al cine con nosotras. ¿Te gusta el cine?
Elena: ¡Sí! Vosotras (4) ⌒ (poder) elegir[3] la película.
Y el sábado (5) ⌒ (poder, nosotras) ir de compras. ¿Vale?
Lucía: Vale. Pero primero (6) ⌒ (tener que, nosotras) hacer los deberes. 😉
Elena: ¡Claro!

[1] **ganar** gewinnen [2] **la película** der Film [3] **elegir** auswählen

3 Comprensión auditiva

¿Cómo es la semana de Yolanda? Escucha el diálogo entre Yolanda y Raúl y elige las horas correctas de las actividades de Yolanda.

1. el lunes: hacer deporte
   a. 17:30
   b. 18:30
   c. 15:15

2. el martes: nadar con una amiga
   a. 15:15
   b. 14:45
   c. 14:15

3. el miércoles: quedar con su madre
   a. 13:10
   b. 12:10
   c. 13:50

4. el jueves: ir de compras con sus tíos
   a. 07:25
   b. 17:20
   c. 19:20

5. el viernes: ver teatro en el instituto
   a. 16:00
   b. 17:00
   c. 15:00

6. el sábado: ir a la fiesta de Lucía
   a. 11:15
   b. 11:30
   c. 12:30

7. el domingo: quedar con Raúl
   a. 18:05
   b. 17:55
   c. 18:25

4 Expresión escrita

Describe qué te gusta hacer en tu tiempo libre. Du suchst eine/n spanischsprachige/n Tandempartner/in, mit dem/der du auch Freizeitaktivitäten unternehmen möchtest. Schreibe einen Eintrag für ein Tandemforum, in dem du dich kurz vorstellst und von deinen Hobbys erzählst.

5 Expresión oral

Describe a las personas en el dibujo. ¿Cómo son y qué llevan?

6 Mis planes para el verano

un parque de atracciones • una granja en las montañas • un campamento • una playa en el mar Caribe • una ciudad con monumentos • un parque nacional • una isla

p. 142 **1** a) Mira las palabras de la casilla. ¿Qué significan en alemán?

b) Relaciona las palabras con las fotos.

c) Hablad en clase. ¿Qué actividades podéis hacer en los lugares de las fotos?

d) Ahora hablad en parejas. ¿Dónde os gusta pasar las vacaciones y por qué?

> A mí me gusta pasar las vacaciones en… porque… ¿Y a ti?

> A mí me gusta pasar las vacaciones en… porque… Pero no me gusta…

p. 144 **2** En grupos, juntad palabras sobre las vacaciones y haced una red de palabras.

… — las vacaciones — lugares — una playa

…

114 ciento catorce

Zusatzmaterialien:
WES-113718-115

Mis planes para el verano 6

3 a) Mira los dibujos (A-G) y relaciona con el vocabulario (1-7).

1. el tren
2. el autobús
3. el avión
4. el barco
5. la bicicleta
6. el coche
7. el metro

A. 🚗 D. 🚌 G. 🚋
B. 🚢 E. 🚲
C. ✈️ F. 🚆

b) Escucha y relaciona cada situación con el lugar correcto.

1. en la estación de autobuses
2. en el metro
3. en el aeropuerto

c) Completa tu red de palabras con los medios de transporte.

Am Ende der Lektion präsentierst du einen Plan für den perfekten Urlaubstag. Dazu lernst du,
→ über den Urlaub zu sprechen,
→ über die Zukunft und Pläne zu sprechen,
→ Verkehrsmittel anzugeben,
→ über das Wetter zu berichten.

ciento quince **115**

6 Parte A

🔊 1 ¿Qué planes tienes para el verano?

a) En parejas, describid el dibujo. ¿Qué chicos hay? ¿Dónde están? ¿De qué hablan?
   Ejemplo: En el dibujo hay / están... Están en... Hablan de...

Primero, vamos a estar en Madrid.

Son los últimos días de clase antes de las vacaciones.
Raúl, Yolanda, Lucía y Omar quedan en la piscina después de clase.

Lucía:		¡Qué guay! ¡La semana que viene ya van a empezar las vacaciones! ¿Qué planes tenéis para el verano?
Yolanda:	5	Nosotros vamos a pasar las vacaciones en Colombia.
Omar:		Hala, ¡qué pasada! ¿Cuántas horas voláis?
Yolanda:		Uff, son casi once horas... Vamos a pasar la noche en el avión.
Omar:		¿Y qué vais a hacer en Colombia?
Yolanda:		Pues vamos a estar con la familia en las montañas. Pero también vamos a pasar unos días en la playa. Ahora allí es invierno. No hace frío, pero llueve bastante.
Lucía:		¡Colombia! ¡Qué guay! Nosotros vamos a viajar por la costa de Cádiz. Vamos a ir en autocaravana. Allí vamos a hacer senderismo y también vamos a visitar unos pueblos muy bonitos. Además, voy a hacer un curso de surf en Tarifa.
Raúl:		¡Qué planazos! Omar y yo también tenemos unos planes geniales. Primero, vamos a estar en Madrid. Después, vamos a pasar unos días en el pueblo de mis abuelos que está en las montañas.
Omar:		Y, al final de las vacaciones, vamos a ir a un campamento en una granja escuela cerca de Ribadesella. Vamos a dormir en tiendas de campaña.
Lucía:		¿Y qué vas a hacer con Copito? ¿Va a estar en casa?
Omar:	20	No, Copito va a ir a la granja escuela con nosotros. Con los animales allí, va a disfrutar un montón. Vamos a ir en autobús.
Yolanda:		¿Copito puede ir en autobús?
Omar:		¡Claro, no podemos ir a pie!
Yolanda:		Bueno, chicos... ¿Jugamos a «Marco Polo»?
Lucía:	25	Sí, ¡vamos! ¡Al agua, patos! ¡Hace calor!
Raúl:		Uno, dos y... ¡tres!

116 ciento dieciséis

Zusatzmaterialien:
WES-113718-117

Parte A 6

El país y la gente

In Spanien ist **Marco Polo** ein beliebtes Spiel in Freibädern.
Eine Person muss die anderen mit geschlossenen Augen fangen und beim Tasten erraten, wer es ist. Dabei ruft der/die Suchende immer wieder „Marco" und die anderen müssen „Polo" antworten.

b) **Lee el texto y relaciona las frases.**

1. Yolanda va a ir…
2. Con su familia va a ir…
3. Lucía va a viajar…
4. Además, Lucía va a participar…
5. Raúl y Omar van a estar…
6. Además, van a ir…

A. en autocaravana por la costa.
B. en Madrid.
C. en un curso de surf.
D. a Colombia.
E. al pueblo de los abuelos.
F. en avión.

2 Un bingo de vacaciones

a) **¿Qué planes tenéis para las vacaciones? Preparad un bingo.**
Bereitet ein Bingo vor, indem jede/r Schüler/in neun Fragen auf dem Arbeitsblatt einträgt. Ihr könnt folgende Ideen nutzen:

- ir en avión
- quedar con amigos
- leer un libro
- viajar en autocaravana
- celebrar un cumpleaños
- viajar por la costa
- ir a la piscina
- ir a un campamento
- ir a una ciudad nueva
- hacer senderismo
- …

¿Vas a ir en avión?
Sí: Sina

El idioma

Mit **ir a** + **Infinitiv** drückst du Pläne für die Zukunft aus. Das ist ähnlich wie im Englischen:
🇪🇸 En verano <u>voy a viajar</u> a España.
🇬🇧 In summer <u>I'm going to travel</u> to Spain.

b) **Jugad al bingo y preguntad en clase.** Geht durch den Klassenraum und stellt euch gegenseitig eure Fragen. Wenn die Antwort **sí** ist, schreibt ihr den Namen auf. Jeder Name darf nur einmal aufgeschrieben werden!
Wenn du für jede Frage einen unterschiedlichen Namen gefunden hast, rufst du „¡Bingo!"

c) **Presenta los planes de tus compañeros/-as para las vacaciones.**
Ejemplo: Sina va a ir en avión. Damian va a…

6 Parte A

Zusatzmaterialien: WES-113718-118

3 ¿Qué van a hacer en sus vacaciones?

p. 136   Mira las fotos y forma frases. ¿Qué van a hacer los chicos en las vacaciones?

1. Lucía
2. Omar y Raúl
3. yo
4. vosotros
5. tú
6. mi familia y yo

4 ¿Qué va a pasar?

a) Yolanda y Lucía están en la piscina. Escucha el diálogo. ¿De qué temas habla el horóscopo de Yolanda?

1. instituto
2. dinero
3. amigos
4. amor
5. familia
6. mascotas

¿Qué signo del Zodiaco[1] eres, Yolanda?

Soy leo.

b) Escucha otra vez y apunta las tres frases correctas.

Yolanda va a…
1. pasar sus vacaciones en casa.
2. quedar con un chico interesante.
3. ir a una fiesta en el instituto.
4. pasar unos días geniales en familia.
5. comprar unos pantalones nuevos.
6. encontrar[2] un regalo en su pantalón.

118   ciento dieciocho

[1] el signo del Zodiaco das Sternzeichen   [2] encontrar finden

Parte A 6

5 Los planes que tengo

a) Wenn du jemanden oder etwas näher beschreiben möchtest, benutzt du am besten Verbindungswörter wie das Relativpronomen **que**. Sieh dir die Sätze an. Auf was bezieht sich jeweils **que**?

1. El perro de Omar, que se llama Copito, también va a la granja.
2. Lucía habla con una chica que vive en su barrio.
3. Yolanda queda con un chico que es muy interesante.

b) «Veo una cosa que...». En grupos, jugad con cosas que veis en la clase.

Veo una cosa que es grande y azul y está encima de una mesa.

Es la mochila de Tilda.

p. 149

6 Aprender con estrategias

Das freie Sprechen fällt in einer Fremdsprache schwer. Aber je mehr du übst, desto einfacher wird es. Außerdem gibt es ein paar Tricks. Das Wichtigste ist, dass du keine Angst hast Fehler zu machen, denn sie gehören zum Lernprozess dazu.

a) **¿Qué vas a hacer en las vacaciones? Toma notas de tus planes para hablar un minuto en clase.** Mache dir auf Karteikarten Notizen, was du in den nächsten Ferien machen wirst. Schreibe nur Stichworte auf, damit du am Ende nicht alles vorliest.

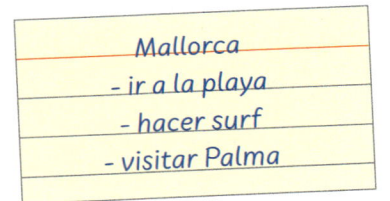

*Mallorca
- ir a la playa
- hacer surf
- visitar Palma*

b) **Practica tu presentación.** Übe deinen Vortrag. Du kannst auch ein Video aufnehmen oder dich vor den Spiegel stellen. Beachte dabei folgende Punkte:

- Sprich laut und nicht zu schnell.
- Versuche so wenig wie möglich auf deine Notizen zu schauen.
- Wenn du mal nicht weiter weißt, wende die 3-Schritte-Methode an:
  1. Notizen lesen, 2. zum Publikum schauen, 3. sprechen.
- Verbinde deine Sätze mit Konnektoren (**primero, después, además, al final...**).

c) **Habla un minuto en clase y presenta tus planes. Tus compañeros/-as te dan un *feedback*.** Stelle eine Minute lang deine Pläne für die Ferien in der Klasse vor. Deine Mitschüler/innen geben dir eine Rückmeldung.

Así se dice

So gibst du Feedback zum Vortragsthema:
(No) me gustan tus planes porque...
¡... es un planazo!
¡Ir a ... / hacer ... mola mucho!
¡Qué guay / chulo ir a ... / hacer ...!
Para mí ir a ... es horrible / genial.

So gibst du Feedback zur Vortragsweise:
Hablas alto y claro[1] / un poco bajo[2].
Presentas tus planes sin leer[3]. ¡Qué bien!
Usas un poco / mucho[4] tus notas.

---

[1]**alto y claro** laut und deutlich [2]**bajo** leise [3]**sin leer** ohne zu lesen [4]**mucho** viel

6 Parte B

Zusatzmaterialien: WES-113718-120

1 Un mensaje de Martín

a) Relaciona las fotos con las expresiones.
   Dos expresiones sobran.

   hacer sol   comer churros con chocolate
   nadar   dormir la siesta
   ir en bici   hacer senderismo

   El país y la gente
   Churros sind ein beliebtes Gebäck in Spanien. Es ist frittierter Teig in dünnen Stangen, der mit Zucker bestreut und dann in heiße Schokolade getunkt wird.

   A B C D

b) Ahora mira el vídeo: Martín presenta un día perfecto para disfrutar de sus vacaciones en Alicante. ¿En qué orden habla de las fotos del ejercicio a)?

c) Mira otra vez el vídeo y relaciona las frases (1-5) con las opciones (A-F).
   Una opción sobra.

   1. Martín va a la cafetería para[1]...
   2. Después, va a casa para...
   3. Martín va a la playa para...
   4. Queda con sus amigos para...
   5. Va al barrio Santa Cruz para...

   A. jugar a los videojuegos.
   B. quedar con su novia.
   C. hacer surf.
   D. tomar churros con chocolate.
   E. jugar al fútbol.
   F. dormir la siesta.

d) En parejas, hablad sobre el día de Martín. ¿Qué actividades (no) os gustan?
   Haced diálogos y usad las expresiones de *Así se dice*.

   ¡Qué guay ir a la playa!

   Sí, es verdad. Pero ... es un rollo.

   ver mi serie favorita • dormir la siesta • hacer surf •
   quedar con amigos • comer churros con chocolate •
   jugar a los videojuegos • dormir hasta las diez •
   ir a la playa • sacar fotos • comer con la familia

   Así se dice
   So drückst du Begeisterung aus:
   ¡Qué planazo / guay / chulo / pasada!
   Es genial / interesante.
   ¡Mola mucho!

   So drückst du Missfallen aus:
   ¡Qué aburrido / rollo!
   Es horrible / aburrido / un rollo.

[1] para (+ infinitivo) um zu

2 Chatear con los amigos

a) Sieh dir die Emojis und die Fotos im Text an. Über welche Themen könnten die Kinder schreiben und wie sind die Ferien für sie?

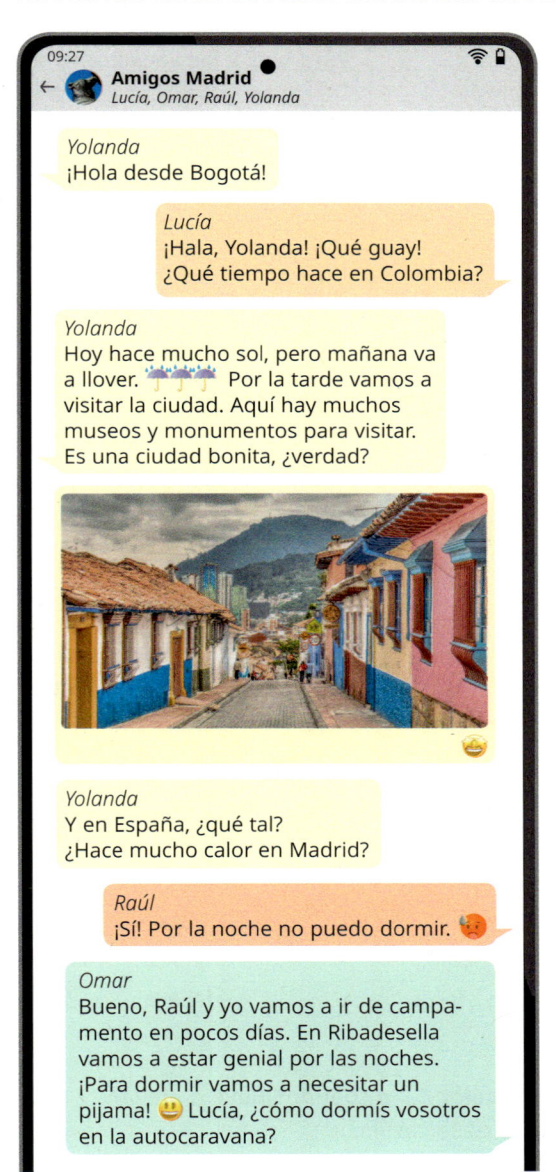

Amigos Madrid
Lucía, Omar, Raúl, Yolanda

Yolanda
¡Hola desde Bogotá!

Lucía
¡Hala, Yolanda! ¡Qué guay! ¿Qué tiempo hace en Colombia?

Yolanda
Hoy hace mucho sol, pero mañana va a llover. 🌧️ Por la tarde vamos a visitar la ciudad. Aquí hay muchos museos y monumentos para visitar. Es una ciudad bonita, ¿verdad?

Yolanda
Y en España, ¿qué tal? ¿Hace mucho calor en Madrid?

Raúl
¡Sí! Por la noche no puedo dormir. 😡

Omar
Bueno, Raúl y yo vamos a ir de campamento en pocos días. En Ribadesella vamos a estar genial por las noches. ¡Para dormir vamos a necesitar un pijama! 😊 Lucía, ¿cómo dormís vosotros en la autocaravana?

Lucía
¡Genial! Estamos en un camping con muchas familias, pero hay pocos chicos de mi edad. ¡Es un rollo!
Mañana voy a empezar mi curso de surf en Tarifa. La zona es perfecta para hacer surf porque hay muchas olas. 🏄
En las playas hay pocas personas porque normalmente hace mucho viento. 🌪️
Aquí tengo una foto de la playa.
Es chula, ¿no?

Yolanda
¡Qué pasada!
Tenemos muchos planes para disfrutar de Colombia. Voy a grabar un vídeo para enseñar nuestros planes. Y vosotros también mandáis un vídeo, ¿eh?

Raúl
Sí, ¡qué guay! ¡Tengo muchas ideas! Pero ahora tengo que hacer la maleta. 🧳

Yolanda
¡Hasta luego!

Omar
¡Hasta luego, amigos!

b) **Lee el texto y relaciona las frases con los nombres de los chicos.**

1. Está en una ciudad con muchos monumentos y museos.
2. Van a necesitar un pijama para dormir.
3. No está con muchos chicos de su edad en las vacaciones.
4. Tiene muchas ideas para hacer un vídeo.
5. Manda una foto de una playa.

3 ¿Quedamos para hacer surf?

a) **Mira otra vez el texto.** Im Text auf S. 121 sind Beispiele für die Verwendung der Präposition **para** + Infinitiv. Suche weitere Beispiele im Text.

> La zona es perfecta **para hacer** surf.

El idioma

Du kennst **para** schon mit der Bedeutung *für*:
Para Lucía, las vacaciones son…
Du kannst **para** aber auch mit Infinitiv verwenden. Dann bedeutet es *um zu*:
Quedamos para escuchar música.
Wir verabreden uns, *um* Musik *zu* hören.

p. 137

b) ¿Qué hacen estos chicos en las vacaciones? Completa las frases con *para* + infinitivo.

1. Elena va a las montañas para…
2. Óscar: «Voy a la playa para… »
3. Gabriela y Lili: «Vamos al centro para… »
4. Iker viaja a Chile para…
5. Tiago va al aeropuerto para…
6. Alejandro y Miriam quedan para…

4 ¿Qué tiempo hace?

a) Escuchad y rapead.

> ¿Qué tiempo hace en tu ciudad?
> ¡En mi ciudad hace de todo[1]!
>
> El sol, la lluvia, el viento,
> a veces, rápido[2], a veces, lento[3].
>
> 5 Hace sol, hace viento, hace dos grados bajo cero,
> hace calor, hace frío, siempre es un lío[4].
>
> Está nublado, llueve, nieva,
> el tiempo siempre cambia[5].

Así se dice

So sprichst du über das Wetter:
Hace (mucho) calor.
Hace (mucho) frío.
Hace sol.
Hace viento.
Hace … grados (bajo cero).
Está nublado.
Llueve.
Nieva.

b) ¿Qué hacéis cuando[6] hace viento / frío / calor / … o cuando llueve o nieva? Hablad en parejas. Podéis usar las ideas de la casilla.

> ¿Qué haces cuando hace sol?

> Cuando hace sol voy con mis amigos al parque. ¿Qué haces cuando llueve?

ir al parque • quedar con amigos •
ir al cine • pasar tiempo en la playa •
jugar a los videojuegos • hacer surf •
leer un libro en casa • ver una serie • …

c) Completa tu red de palabras de la Unidad con las expresiones del tiempo.

---

[1] **de todo** alles [2] **rápido** schnell [3] **lento** langsam [4] **el lío** das Durcheinander [5] **cambiar** sich (ver)ändern [6] **cuando** wenn

Parte B 6

5 Un mensaje de Lucía

p. 137 **Lucía manda un mensaje de voz. Escucha y contesta a las preguntas.**
Lucía schickt eine Sprachnachricht. Höre zu und beantworte die Fragen.

01:22   7:56

1. ¿Dónde está Lucía?
2. ¿A qué hora empieza el curso de surf?
3. ¿Cómo es el tiempo?
4. ¿Qué edades tienen las chicas y los chicos del curso?
5. ¿De dónde es Isabel?

6 A descubrir

En el camping hay mucha gente.

a) **Busca las formas de *mucho* y *poco* en el texto de la página 121 y completa la tabla en tu cuaderno.**

	masculino	femenino
singular	~ *poco tiempo*	*mucha gente* *poca lluvia*
plural	~ ~	~ ~

b) **Completa la regla con las palabras siguientes:** vor, hinter, Substantiv.

> **Mucho/-a** und **poco/-a** werden wie Adjektive an das zugehörige ~ angeglichen. Während Adjektive aber meist ~ dem Substantiv stehen, stehen **mucho/-a** und **poco/-a** immer ~ dem Substantiv.

7 Mucho o poco

¿De qué hay mucho/-a y de qué hay poco/-a en tu lugar favorito de vacaciones? Forma frases.

En mi lugar favorito de vacaciones hay pocos coches y muchas piscinas.

En mi lugar favorito de vacaciones	hay	mucho/-a muchos/-as poco/-a pocos/-as	coches • montañas • playas • gente de mi edad • piscinas • turistas • restaurantes • sol • tiendas • museos • …

6 Parte B

Zusatzmaterialien:
WES-113718-124

8 Entre idiomas

Mira el cartel y contesta a las preguntas de tu compañera de intercambio.

Deine Austauschpartnerin Isabel ist bei dir zu Hause und ihr redet über Sommercamps. Du zeigst ihr diesen Flyer. Nun ist sie neugierig und möchte Folgendes über das Camp wissen. Beantworte ihre Fragen.

1. ¿Quién puede ir al campamento?
2. ¿Dónde está el campamento?
3. ¿Qué actividades hay?

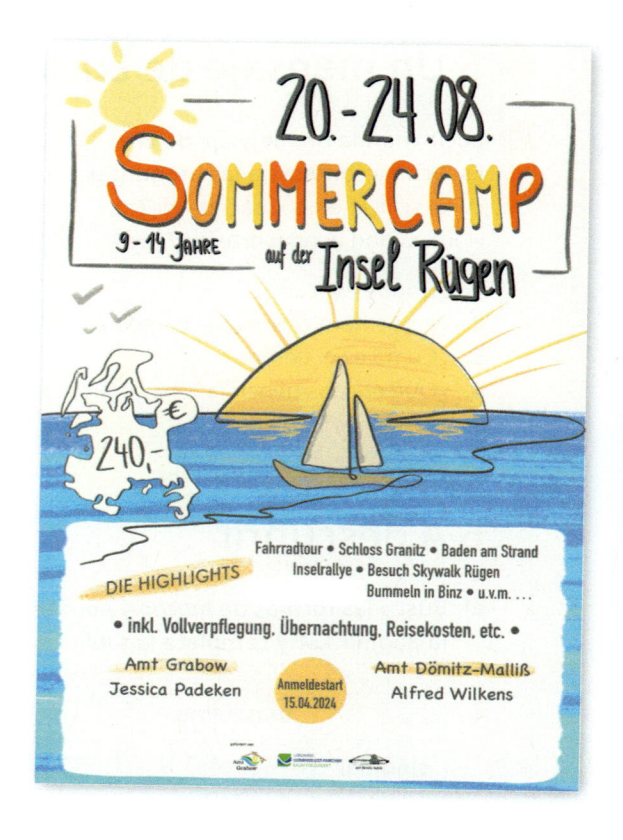

Sommercamp auf der Insel Rügen
20.–24.08.
9–14 Jahre
240,– €

DIE HIGHLIGHTS: Fahrradtour • Schloss Granitz • Baden am Strand • Inselrallye • Besuch Skywalk Rügen • Bummeln in Binz • u. v. m. ...

• inkl. Vollverpflegung, Übernachtung, Reisekosten, etc. •

Amt Grabow – Jessica Padeken
Anmeldestart 15.04.2024
Amt Dömitz-Malliß – Alfred Wilkens

Al final

Deine Klasse nimmt an einem Spanisch-Wettbewerb teil:
¿Cómo es un día perfecto para disfrutar de las vacaciones?

- Bereite eine Präsentation über einen perfekten Urlaubstag für deine Klasse vor.

- Mache dir dafür Stichpunkte auf Karteikarten, zum Beispiel zu folgenden Fragen:
  – ¿Adónde y con quién vas a ir?
  – ¿Qué vais a hacer allí?
  – ¿Cuándo y qué vais a comer?
  – ¿Dónde vais a dormir?
  – ¿Qué tiempo va a hacer?
  – ¿Qué medios de transporte vais a necesitar?
  – ...

- Zusätzlich kannst du Fotos suchen, die du während deiner Präsentation zeigst.

- Strukturiere nun deine Präsentation mithilfe des Arbeitsblatts.

- Übe deine Präsentation und halte sie anschließend in der Klasse. Gebt euch gegenseitig eine Rückmeldung mithilfe des Feedback-Bogens.

Algo especial 6

La canción[1] del verano

a) **¿Qué canciones españolas conocéis? Hablad en clase.**
Welche spanischsprachigen Lieder kennt ihr? Sammelt sie an der Tafel.

b) **Escuchad la canción *La cintura* de Álvaro Soler y mirad también el vídeo en internet. ¿Os gusta? ¿Por qué (no)?**

(No) me gusta	el ritmo *(der Rhythmus)* la melodía *(die Melodie)* la letra *(der Liedtext)* el vídeo …	porque (no) es	alegre *(fröhlich)*. rítmico/-a *(rhythmisch)*. bonito/-a. interesante. …

c) **En grupos, elegid uno de los ejercicios siguientes.**
Bildet Gruppen und wählt eine der folgenden Aufgaben aus.

1. Schreibt einen spanischen Liedtext für ein Sommerlied.
   Ihr könnt die Wörter aus dem Kasten benutzen.

   > bailar • el calor • la fiesta • el verano •
   > el sol • los amigos • las vacaciones • la playa

2. Denkt euch eine Choreografie zum Lied **La cintura** aus.
   Ihr könnt Ideen aus dem Video übernehmen.

3. Dreht zu dem Lied ein Kurzvideo von 10 bis 15 Sekunden,
   in dem ihr tanzt, mitsingt oder etwas anderes Lustiges macht.

El país y la gente

Álvaro Soler ist ein deutsch-spanischer Musiker, der in Barcelona geboren wurde. Er singt zum größten Teil auf Spanisch. Zu seinen erfolgreichsten Liedern gehören *El mismo sol* (2015), *Sofía* (2016), *La cintura* (2019) und *Manila* mit dem Künstler Ray Dalton (2021).

[1] **la canción** das Lied

6 Gramática y comunicación

1. Über den Urlaub sprechen

Las actividades en las vacaciones:
comer en un restaurante, estar en la piscina / playa / las montañas, hacer senderismo, hacer surf, hacer una excursión, nadar, ir a un campamento, ir a un museo, ir en avión / barco / bicicleta / tren, jugar, leer, sacar fotos, ver monumentos, viajar…

hacer esnorkeling*    escribir una postal*    descansar*    usar crema solar*

2. Über Pläne sprechen: das **futuro inmediato**

Um deine Pläne für die Zukunft auszudrücken, nutzt du das **futuro inmediato**.
Es wird mit der konjugierten Form des Verbs **ir**, der Präposition **a** und dem Infinitiv des Hauptverbs gebildet.
Die drei Teile (**ir + a + infinitivo**) können nie voneinander getrennt stehen!

	ir		Infinitiv
(yo)	voy		
(tú)	vas		nadar
(él / ella)	va	a	leer
(nosotros/-as)	vamos		descansar
(vosotros/-as)	vais		…
(ellos / ellas)	van		

Mañana **voy a nadar**.
Mañana no **voy a nadar**.

3. Über das Wetter berichten

Hace calor.    Hace frío.    Hace sol.    Hace viento.

*Diese Wörter kannst du zusätzlich lernen.

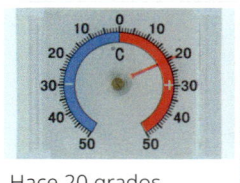

Gramática y comunicación 6

Hace 20 grados.   Llueve.   Nieva.   Está nublado.

4. Mengen angeben: die Begleiter **mucho/-a** und **poco/-a**

Die Begleiter **mucho/-a** und **poco/-a** richten sich – wie Adjektive – in Zahl und Geschlecht nach dem Substantiv, auf das sie sich beziehen. Sie stehen immer vor dem Substantiv.
En la playa hay mucho **vient**o **y poc**as **person**as.

	maskulin	feminin
Singular	much**o** fr**í**o poc**o** vient**o**	much**a** gente poc**a** lluvi**a**
Plural	much**os** chic**os** poc**os** restaurante**s**	much**as** cas**as** poc**as** person**as**

5. Dinge und Personen näher beschreiben: das Relativpronomen **que**

Das Relativpronomen **que** beschreibt Personen oder Dinge in einem Relativsatz. Es ist unveränderlich. Im Gegensatz zum Fragepronomen **¿qué?** trägt das Relativpronomen **que** keinen Akzent.

Personen	La chica **que** hace el curso de surf con Lucía es muy simpática. Das Mädchen, das mit Lucía den Surfkurs macht, ist sehr sympathisch.
	Raúl es el chico **que** pasa sus vacaciones en un campamento. Raúl ist der Junge, der seine Ferien in einem Feriencamp verbringt.
Dinge	Vamos al cine **que** está en el centro. Wir gehen in das Kino, das im Zentrum ist.
	La camiseta **que** lleva Yolanda es bonita. Das T-Shirt, das Yolanda trägt, ist schön.

ciento veintisiete 127

6 Repaso

1 Vocabulario

¿Qué palabras son? Lee las frases y di a qué palabras de la Unidad 6 se refieren.

1. En este lugar hay muchos aviones.
2. Es lo contrario de[1] *verano*.
3. Es un coche grande para viajar.
4. Es lo contrario de *frío*.
5. Es la ropa que llevas para dormir.
6. Son los años que tiene una persona.

2 Gramática

a) Clara y su amiga Lina hablan por teléfono de sus planes para las vacaciones. Completa el texto con las formas del futuro inmediato.

Clara: Bueno, Lina, ¿adónde (1) ⌢ (ir, tú) de vacaciones?
Lina: (2) ⌢ (ir) con mi familia de vacaciones a Italia.
Clara: ¡Qué guay! ¿Cuánto tiempo (3) ⌢ (estar, vosotros) en Italia?
Lina: Pues (4) ⌢ (estar, nosotros) dos semanas. Primero, (5) ⌢ (descansar) en la playa. Después, mi madre y yo (6) ⌢ (hacer) senderismo y mi padre (7) ⌢ (hacer) un curso de italiano.
Clara: Hala, ¡qué planazos!
Lina: Sí, y además: (8) ⌢ (comer, yo) muchos helados, ¡claro!
Clara: ¡Genial! ¿Y tus padres (9) ⌢ (hacer) algo especial?
Lina: Ah, sí, (10) ⌢ (montar, ellos) a caballo un día. ¿Y tú, qué (11) ⌢ (hacer)? ¿(12) ⌢ (quedar) con Lucía y su familia?
Clara: Pues yo…

b) ¿Para qué necesitas estos objetos y para qué vas a estos lugares? Forma frases como en el ejemplo usando *para* + infinitivo.

Ejemplo: Necesito un avión para viajar a Colombia. Voy al supermercado para…

un avión   un lápiz   un móvil   una mochila   una bicicleta

el supermercado   la biblioteca   la piscina   la fiesta

3 Comprensión auditiva

Andrea y sus amigos Fernando y Paula hablan de los planes para las vacaciones. Escucha y relaciona cada persona con la información correcta.

1. Va a un campamento de surf.
2. Va a las fiestas de un pueblo.
3. Va a viajar a Portugal.
4. Va a un campamento con amigos.
5. Va a estar con sus abuelos.
6. Va a viajar a Italia.

Andrea   Fernando   Paula

[1] lo contrario de das Gegenteil von

Repaso 6

4 Expresión oral

Habla sobre tu lugar de vacaciones favorito durante un minuto. Toma apuntes y presenta el lugar en clase. Habla también de las actividades que quieres hacer allí.

5 Comprensión lectora

Tres amigos escriben mensajes y mandan fotos de sus vacaciones en su grupo de chat. Lee los mensajes y relaciona los textos con las fotos. Ojo: una foto sobra.

1. Hola, amigos. ¿Cómo estáis? Yo estoy regular... El tiempo es horrible aquí. Tengo que estar en casa porque llueve mucho. Entonces leo libros y juego a videojuegos. Y, a veces, voy de compras con mi hermana. Mañana quiero ir al cine y después a un bar para tomar algo, pero mi hermana no tiene tiempo. Y vosotros no estáis en la ciudad... Marcos

2. ¡Muchos saludos desde la Costa Blanca! Mi familia y yo pasamos mucho tiempo en la playa porque aquí hace mucho sol. Allí leo el libro nuevo de Joana Marcús, como helados y juego al fútbol. Pero mañana vamos a un museo porque va a llover. ¡Qué rollo! Marcos, podemos ir a tomar algo la semana que viene. Hasta luego, Luis

3. ¡Hola, chicos! Uff, ¡qué calor aquí en Andalucía! Tenemos que pasar mucho tiempo en el piso porque hace muuuucho calor. Durante el día jugamos, leemos y dormimos la siesta. Pero por las noches vamos al centro y comemos en los restaurantes o los bares. El lunes vamos a ir a las montañas para hacer senderismo porque mis padres quieren dormir en una tienda de campaña. Es horrible, ¿no? A mí no me gustan las montañas... ¡Un beso! Alicia

D Más ayuda

Unidad 1 Parte A

2 Tú y yo (página 14)

a) **Completa los diálogos.** Lucía und Raúl lernen zwei neue Kinder, Sofía und Lucas, kennen. Vervollständige die Dialoge, indem du das passende Personalpronomen auswählst.

1. *Sofía:* Hola, ~ *(ella / yo)* soy Sofía.
   Y ~ *(tú / vosotros)*, ¿cómo te llamas?
   Lucía: ~ *(Nosotras / Yo)* me llamo Lucía.
2. *Sofía:* ¿De dónde son Clara y Tito?
   Lucía: ~ *(Ella / Ellas)* es de Cádiz
   y ~ *(vosotros / él)* es de Ribadesella.
3. *Sofía:* ¿Y de dónde es Miguel?
   Lucía: ~ *(Ellos / Él)* es de Madrid.

4. *Lucas:* Raúl y Clara, ¿de dónde sois?
   Raúl: ~ *(Tú / Yo)* soy de Madrid
   y ~ *(vosotras / ella)* es de Cádiz.
5. *Lucas:* ¿Cómo se llama el hermano de Lucía?
   Raúl: ~ *(Él / Nosotros)* se llama Miguel.
6. *Raúl:* Y ~ *(tú / vosotros)*, ¿de dónde eres?
   Lucas: ~ *(Ella / Yo)* soy de San Sebastián.

Unidad 2 Parte A

1 En el parque (página 33)

b) **Lee el texto de la página 32 y elige la frase correcta.**
Lies den Text auf Seite 32 und wähle das richtige Satzende aus.

1. Los chicos en el parque son...
   a. Lucía, Miguel y Clara.
   b. Lucía, Miguel, Raúl y Copito.
   c. Lucía, Miguel, Raúl y Omar.

2. Omar es...
   a. de Barcelona.
   b. de Cardedeu.
   c. de Madrid.

3. Cardedeu es una ciudad...
   a. cerca de Barcelona.
   b. cerca de Cádiz.
   c. cerca de Madrid.

4. Omar tiene...
   a. doce años.
   b. nueve años.
   c. tres años.

5. Omar tiene...
   a. un perro y tres conejos.
   b. un perro, un conejo y un hámster.
   c. un perro y tres hámsteres.

6. Lucía tiene...
   a. un conejo.
   b. cuatro mascotas.
   c. un hermano, pero no tiene mascotas.

Más ayuda D

Unidad 2 Parte A — 8 El conejo Rabanito (página 36)

Lucía habla de Miguel y Rabanito. Elige las formas correctas de *tener*.
Lucía erzählt von Miguel und Rabanito. Wähle die richtigen Formen von **tener** aus.

(1) **Yo** (tenemos / tengo / tienes) un hermano, Miguel. **Yo** (2) (tengo / tiene / tienen) doce años y **Miguel** (3) (tengo / tiene / tienen) nueve años. **Miguel y yo** (4) (tenéis / tienen / tenemos) un conejo. Se llama **Rabanito** y (5) (tiene / tienes / tienen) dos años.
¡Rabanito es genial! Y **los conejos** siempre[1] (6) (tengo / tiene / tienen) hambre[2]. Miguel siempre dice[3]: «Rabanito, ¿**tú** (7) (tienes / tenéis / tienen) hambre? ¡Eres como[4] yo!» Jaja, ¡mi hermano es genial!
Y **vosotros**, ¿(8) (tienes / tenéis / tienen) mascotas?

Unidad 2 Parte B — 7 Mi amigo Omar (página 42)

b) **Completa el e-mail de Lucía.** Vervollständige Lucías E-Mail mit den Informationen, die du in Aufgabe a) zusammengetragen hast.

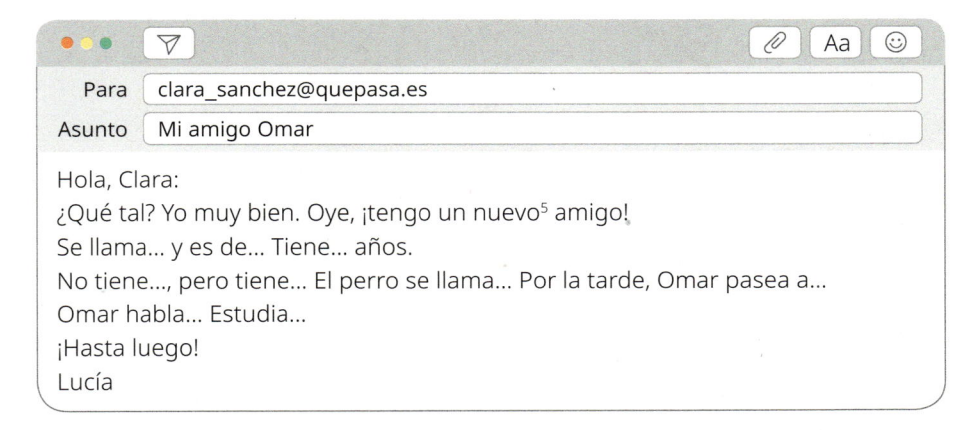

Para: clara_sanchez@quepasa.es
Asunto: Mi amigo Omar

Hola, Clara:
¿Qué tal? Yo muy bien. Oye, ¡tengo un nuevo[5] amigo!
Se llama… y es de… Tiene… años.
No tiene…, pero tiene… El perro se llama… Por la tarde, Omar pasea a…
Omar habla… Estudia…
¡Hasta luego!
Lucía

Unidad 3 Parte A — 1 La Latina (página 52)

a) **Raúl presenta su barrio en una red social. Lee los textos y completa las frases.**
Raúl stellt sein Stadtviertel in einem sozialen Netzwerk vor. Lies die Texte auf Seite 52 und vervollständige die Sätze.

1. *texto 1:* La Latina está en…
2. *texto 1:* La calle de Raúl se llama…
3. *texto 2:* Los amigos quedan en…
4. *texto 3:* Siempre hay turistas en…
5. *texto 4:* El mercadillo en La Latina se llama…
6. *texto 4:* En el mercadillo, Raúl y Lucía…

[1] **siempre** immer [2] **tener hambre** Hunger haben [3] **él/ella dice** er/sie sagt [4] **como** wie [5] **nuevo** neu

D   Más ayuda

Unidad 3 — Parte A

2 A descubrir (página 53)

b) **Más tarde, Lucía llama a Miguel por teléfono. Completa el diálogo con las formas correctas de *estar*.** Später ruft Lucía Miguel an. Vervollständige den Dialog mit den richtigen Formen von **estar**.

> estoy • estás • está (2x) • estamos • estáis • están (2x)

Lucía: Hola, hermano. ¿Dónde (1) ͜ ?
Miguel: Yo todavía (2) ͜ en casa.
Lucía: Y papá, ¿dónde (3) ͜ ? ¿Y mamá?
Miguel: Los dos (4) ͜ en el polideportivo.
Lucía: Oye, Raúl y yo (5) ͜ en el parque.
Ahora también (6) ͜ Omar.
Miguel: ¿Vosotros todavía (7) ͜ en el parque?
Lucía: Sí, claro. También (8) ͜ unos chicos del insti. ¡Es genial!
Miguel: Vale. Yo quedo ahora con Andrei. ¡Hasta luego!
Lucía: ¡Hasta luego!

Unidad 3 — Parte B

3 La mesa de Lucía (página 59)

a) **Escucha. ¿En qué mesa está Lucía?** Höre zu. An welchem Tisch sitzt Lucía?

Unidad 3 — Parte B

5 Una clase de Inglés (página 61)

b) **Lee el texto de la página 60 y elige la frase verdadera.**
Lies den Text auf Seite 60 und wähle das richtige Satzende aus.

1. Lucía y Raúl leen un texto para la clase de…
   a. Alemán.
   b. Historia.
   c. Inglés.

2. Omar responde en…
   a. catalán.
   b. español.
   c. inglés.

Más ayuda **D**

3. Lucía no tiene…
   a. el cuaderno.
   b. los deberes.
   c. el texto.

4. El cuaderno de Omar está…
   a. en el patio.
   b. en clase.
   c. en casa.

5. Comparten el cuaderno…
   a. Lucía y Raúl.
   b. Omar y Lucía.
   c. Raúl y Omar.

6. El examen de Inglés es…
   a. hoy.
   b. la semana que viene.
   c. ahora.

Unidad 4 Parte A

3 ¿Cómo es? (página 77)

Ordena las palabras y escribe la frase. Bringe die Wörter in die richtige Reihenfolge und schreibe den Satz auf. Denke daran, dass die Adjektive im Spanischen meist hinter dem Substantiv stehen.

1. el pelo • Salomé tiene • negro
2. Yolanda tiene • simpáticos • amigos
3. Somos • muy activa • una familia
4. gracioso • Omar tiene • un perro
5. inteligente • un alumno • Raúl es

Unidad 4 Parte B

1 El cumpleaños de Raúl (página 83)

b) **Lee el texto de la página 82 y elige a qué persona corresponde la frase.**
Lies den Text auf Seite 82 und wähle aus, auf wen sich der Satz bezieht.

1. Hoy es su cumpleaños.
   a. Raúl
   b. Yolanda
   c. Omar

2. Son los padres de Raúl.
   a. Juana y Carlos
   b. Juana y Hugo
   c. Carlos y Laura

3. Vive con Carlos y Laura.
   a. Hugo
   b. Raúl
   c. Juana

4. Son las primas de Raúl.
   a. Carlota y Sara
   b. Rosa y Laura
   c. Juana y Yolanda

5. Tiene una piñata para Raúl.
   a. Yolanda
   b. Juana
   c. Laura

6. Tienen una camiseta para Raúl.
   a. Omar y Lucía
   b. Carlos y Juana
   c. Yolanda y Lucía

D   Más ayuda

Unidad 4 Parte B

4 La vida de Yolanda (página 84)

a) **Yolanda habla de su vida en Madrid. Completa el texto.**
Yolanda erzählt von ihrem Leben in Madrid. Setze die Possessivbegleiter ein.

> mi • mis (3x) • su

Vivo con (1) ⌢ padres, (2) ⌢ hermanas y (3) ⌢ hermano en Madrid.
(4) ⌢ tíos también viven aquí y (5) ⌢ piso está cerca.

> mi • mis • tu • tus • su • sus

(6) ⌢ amiga Salomé vive en Colombia. (7) ⌢ casa está en Medellín
y (8) ⌢ hermanos también son (9) ⌢ amigos.
¿Y tú? ¿Dónde está (10) ⌢ piso y quiénes son (11) ⌢ amigos?

b) **Es su primer día de clase y Yolanda tiene muchas preguntas. Completa el texto.**
An ihrem ersten Schultag hat Yolanda viele Fragen. Setze die Possessivbegleiter ein.

> nuestra • nuestras (2x) • nuestro • nuestros • vuestro • sus (3x)

Yolanda: Hola, chicos. ¿Dónde está (1) ⌢ clase?
Raúl: Está aquí a la derecha. Mira, allí están (2) ⌢ profesores, Javier y María.
Los viernes pasean a (3) ⌢ perros en el parque del barrio.
Omar y Lucía, Javier es (4) ⌢ profesor favorito, ¿verdad?
Lucía: Sí, es majo. Pero (5) ⌢ profesoras de Educación Física y Música también son simpáticas.
Omar: Es verdad. Se llaman Cristina y Martina y (6) ⌢ clases son geniales.
(7) ⌢ hijas también van a (8) ⌢ instituto.
Yolanda: Vale, entonces buscamos (9) ⌢ mochilas y vamos a clase.

Unidad 4 Parte B

9 Las familias de los chicos (página 86)

🔊 **¿Cuántos años tienen las personas? Escucha y completa las frases de la página 135.**
Wie alt sind die Personen? Höre zu und vervollständige die Sätze von Seite 135.

Enrique, Yolanda, Carlota, Rosario, Sofía, Alberto

Mohamed, Naím, Imane, Latifa

Juana, Rosa

Más ayuda **D**

1. Yolanda tiene ~ años.
2. Carlota tiene ~ años.
3. Sofía tiene ~ años.
4. Alberto tiene ~ años.
5. Enrique tiene ~ años.
6. Rosario tiene ~ años.
7. Imane tiene ~ años.
8. Mohamed tiene ~ años.
9. Latifa tiene ~ años.
10. Naím tiene ~ años.
11. Juana tiene ~ años.
12. Rosa tiene ~ años.

Unidad 4 Parte B

10 ¿Cómo es tu familia? (pagina 87)

Imagínate que hablas con tu compañera de intercambio y presentas a tu familia. Haced el diálogo en parejas. Después, cambiad los roles. Stell dir vor, dass du mit deiner Austauschpartnerin sprichst und deine Familie vorstellst. Spielt zu zweit den Dialog und tauscht danach die Rollen.

Hola, ¿cómo te llamas?	Hola, me llamo…
¿Cuántos años tienes?	Tengo … años.
¿Cómo es tu familia?	Mi familia es grande / pequeña.
	Mi madre es maja / graciosa / …
	Mi padre es activo / tranquilo / …
¿Cuántas personas sois en casa?	Somos … personas.
¿Tienes hermanos?	Sí, tengo … hermano/-a/-os/-as.
	Se llama/n… Tiene/n … años. / No, no tengo hermanos.
¿Tienes mascotas?	Sí, tengo… Se llama/n… / No, no tengo mascotas.
¿Dónde vivís?	Vivimos en un piso grande / pequeño / en una casa grande / pequeña. Está en un pueblo / en una ciudad. Se llama…

Unidad 5 Parte A

2 Los compañeros del intercambio (página 97)

🔊 b) **Escucha y relaciona las aficiones con las personas.** Die deutschen Schülerinnen und Schüler haben ihre Steckbriefe nach Spanien geschickt. Lucías Lehrerin liest sie in der Klasse vor. Höre zu und ordne die Hobbys den Personen zu.

A Emma
B Lukas
C Mustafa
D Dina

1. ir al mercadillo, ser fan del Real Madrid, jugar al fútbol
2. leer, ver series, quedar con amigos, bailar
3. jugar al fútbol, ir al cine, jugar a los videojuegos
4. tocar el piano, nadar, ir al parque con el perro

D Más ayuda

Unidad 5 Parte A

3 Me gusta... (página 98)

a) Wann verwendest du **me gusta** und wann **me gustan**?
Sieh dir die Beispiele in den Texten auf Seite 96 an und vervollständige die Regel.

| Substantiven im Singular | Substantiven im Plural | Verben im Infinitiv |

> **Me gusta** verwendest du mit ⌒ und ⌒.
> **Me gustan** verwendest du mit ⌒.

Unidad 5 Parte B

7 ¿Qué hay en las maletas? (página 106)

Los chicos de Alemania hacen la maleta. ¿Qué ropa llevan a España? Die deutschen Schülerinnen und Schüler packen ihre Koffer. Welche Kleidung nehmen sie mit nach Spanien?
Ejemplo: En la maleta A hay... También hay / lleva... Además veo un/a...

A

B

un jersey • un vestido • una falda • una gorra •
una camiseta • una sudadera • un pantalón •
unos vaqueros • una chaqueta • unas zapatillas

azul • marrón •
gris • rojo/-a •
negro/-a • verde

Unidad 6 Parte A

3 ¿Qué van a hacer en sus vacaciones? (página 118)

Mira las fotos y forma frases. ¿Qué van a hacer los chicos en las vacaciones?
Bilde zu jedem Foto einen passenden Satz. Was werden die Kinder in den Ferien machen?

1. Lucía: hacer un curso de surf
2. Omar y Raúl: jugar a los videojuegos
3. yo: sacar fotos

Más ayuda D

4 vosotros: ir en bicicleta

5 tú: leer un libro

6 mi familia y yo: hacer senderismo

Unidad 6 Parte B

3 ¿Quedamos para hacer surf? (página 122)

b) **¿Qué hacen estos chicos en las vacaciones? Completa las frases con *para* + infinitivo y usa las ideas de la casilla.** Was machen diese Kinder in den Ferien? Vervollständige die Sätze mit **para** + Infinitiv und nutze dafür die Ideen aus dem Kasten.

1. Elena va a las montañas para…
2. Óscar: «Voy a la playa para…»
3. Gabriela y Lili: «Vamos al centro para…»
4. Iker viaja a Chile para…
5. Tiago va al aeropuerto para…
6. Alejandro y Miriam quedan para…

- jugar a los videojuegos
- volar a Gran Canaria
- estar con los abuelos
- hacer senderismo
- nadar
- ver monumentos

Unidad 6 Parte B

5 Un mensaje de Lucía (página 123)

🔊 **Lucía manda un mensaje de voz. Escucha y elige las respuestas correctas.**
Lucía schickt eine Sprachnachricht. Höre zu und wähle die richtigen Antworten aus.

1. ¿Dónde está Lucía?
   a. en la autocaravana
   b. en un bar
   c. en la playa

2. ¿A qué hora empieza el curso de surf?
   a. a las ocho
   b. a las siete
   c. a las siete y media

3. ¿Cómo es el tiempo?
   a. Hace calor.
   b. Hace sol.
   c. No hace viento.

4. ¿Qué edades tienen las chicas y los chicos del curso?
   a. de 10 a 14 años
   b. de 10 a 15 años
   c. de 12 a 17 años

5. ¿De dónde es Isabel?
   a. de Cádiz
   b. de Granada
   c. de Madrid

D Más retos

Unidad 1 Parte B

5 ¡Hola! (página 18)

🔊 a) **¿Dónde hablan las personas? Escucha y contesta.** An welchen Orten unterhalten sich die Personen? Höre dir die drei Gespräche an und antworte.

b) **Escucha otra vez y contesta. ¿Cuándo hablan las personas?** Höre dir die Dialoge noch einmal an. Zu welcher Tageszeit unterhalten sich die Personen: morgens, nachmittags oder abends? Woher weißt du das?

Unidad 2 Parte A

1 En el parque (página 33)

b) **Lee el texto de la página 32 y elige las once frases verdaderas.**
Lies den Text auf Seite 32 und wähle die elf richtigen Satzenden aus.

1. Los chicos en el parque son...
   a. Lucía, Miguel y Clara.
   b. Lucía, Miguel, Raúl y Copito.
   c. Lucía, Miguel y Omar.
   d. Lucía, Miguel, Raúl y Omar.

2. Omar es...
   a. de Barcelona.
   b. de Cardedeu.
   c. de España.
   d. de Madrid.

3. Cardedeu es una ciudad...
   a. cerca de Madrid.
   b. cerca de Barcelona.
   c. cerca de Ribadesella.
   d. en España.

4. Omar tiene...
   a. cuatro años.
   b. doce años.
   c. nueve años.
   d. tres años.

5. Omar tiene...
   a. un perro y tres conejos.
   b. cuatro mascotas.
   c. un perro, un conejo y un hámster.
   d. un perro y tres hámsteres.

6. Lucía tiene...
   a. un conejo.
   b. una mascota.
   c. un hermano, pero no tiene mascotas.
   d. un hermano y un conejo.

Unidad 2 Parte B

6 Pasáis la tarde con los amigos (página 42)

a) **Mira la casilla en la página 139 y forma por lo menos ocho frases.**
Sieh dir den Satzbaukasten auf Seite 139 an und bilde mindestens acht Sätze.
Vergleicht anschließend in der Klasse.
Ejemplo: Omar y yo quedamos en el parque.

Más retos D

| (yo) (vosotros/-as) (tú) Omar y yo Miguel y Lucía Raúl | quedar *grabar* un vídeo *pasar* la tarde ... | con de en | las vacaciones. español y alemán. |

Unidad 3 Parte A

8 ¿Dónde estoy? (página 57)

a) **Mira los tres dibujos y escucha. ¿De qué calle habla el chico?**
Sieh dir die drei Bilder an und höre zu. Welche Straße beschreibt der Junge?

b) **Describe las otras dos calles.** Beschreibe die anderen Straßen.
Ejemplo: En la calle hay un / una... Está...

ciento treinta y nueve **139**

D Más retos

Unidad 3 · Parte B

5 Una clase de Inglés (página 61)

Lee el texto y completa las frases. Lies den Text auf Seite 60 und vervollständige die Sätze.

1. Lucía y Raúl leen un texto para...
2. Omar responde en...
3. Lucía no tiene...
4. El cuaderno de Omar...
5. ... comparten el cuaderno.
6. El examen de Inglés es...

Unidad 4 · Parte A

3 ¿Cómo es? (página 77)

Ordena las palabras y escribe la frase. Bringe die Wörter in die richtige Reihenfolge und schreibe den Satz mit der passenden Adjektivendung auf. Denke daran, dass die Adjektive im Spanischen meist hinter dem Substantiv stehen.

1. pelo • Salomé • tiene • negr— • el
2. tiene • Yolanda • simpátic— • amigos
3. activ— • una • muy • Somos • familia
4. perro • gracios— • un • Omar • tiene
5. un • es • alumno • inteligent— • Raúl

Unidad 4 · Parte B

1 El cumpleaños de Raúl (página 83)

b) **Escribe por lo menos cinco preguntas sobre el texto para tus compañeros/-as. Prepara también las respuestas.** Schreibe mindestens fünf Fragen zum Text auf Seite 82 für deine Mitschüler/innen auf. Bereite auch die Antworten vor.

¿Quién/es...?   ¿Dónde...?   ¿Qué...?   ¿Cómo...?   ¿De dónde...?

Unidad 5 · Parte A

1 ¡Hola, compañeros de Alemania! (página 97)

b) **¿Quién es? Relaciona las frases con los cuatro chicos de los textos. Inventa dos frases más y escribe la respuesta.** Ordne die Sätze den vier Jugendlichen aus den Texten auf Seite 96 zu. Erfinde zwei weitere Sätze und schreibe die Antworten separat auf.

1. Es una persona graciosa y, a veces, pesada.
2. Tiene alergia a los perros.
3. Su equipo favorito es el Real Madrid.
4. Toca un instrumento.
5. Le gusta ir de compras.

Lucía    Omar

Yolanda    Raúl

Más retos D

Unidad 5 Parte A

9 ¿Qué hacen los chicos? (página 101)

b) ¿Qué hacen los chicos y qué hacéis vosotros? Forma frases.
   Ejemplo: Por la mañana hago deporte en…

			los deberes	en casa.
	(yo)		al fútbol	en el instituto.
Por la mañana	(tú)	jugar	series	en la plaza.
El lunes / martes / miércoles / …	Omar	hacer	la batería	en el polideportivo.
Por la tarde	mi amigo/-a y yo	ver	deporte	en el parque.
	(vosotros/-as)	tocar	a los videojuegos	…
	Lucía y Raúl		el piano	
			…	

Unidad 5 Parte B

8 ¿Quedamos? (página 106)

🔊 Los compañeros alemanes del intercambio están ahora en España. Escucha el diálogo entre Omar y su amiga Marta y completa las frases con las horas correctas.

1. Quedan en el parque a las…
2. La película[1] es a las…
3. Toman algo a las…
4. Hay un autobús[2] a las…
5. Omar tiene que estar en casa a las…

Unidad 6 Parte B

2 Chatear con los amigos (página 121)

b) Lee el texto de la página 121 y relaciona las frases con los nombres de los chicos. Dos frases sobran.

   Lucía   Yolanda   Omar   Raúl

1. Está en una ciudad con muchos monumentos y museos.
2. No puede ir al campamento.
3. Va a necesitar un pijama para dormir.
4. No está con muchos chicos de su edad en las vacaciones.
5. Tiene muchas ideas para hacer un vídeo.
6. No quiere grabar un vídeo.
7. Manda una foto de una playa.

---

[1] la película der Film [2] el autobús der Bus

Estrategias

1 Wortschatz

1.1 Wörter erschließen

Andere Sprachen nutzen

Viele spanische Wörter haben in einer anderen Sprache eine ähnlich lautende Entsprechung. Diese kannst du nutzen, um dir die Bedeutung des spanischen Worts herzuleiten, zum Beispiel:

🇫🇷 *l'amour* → 🇪🇸 *el amor*
🇬🇧 *the airport* → 🇪🇸 *el aeropuerto*

Beachte, dass nicht alle ähnlichen Wörter eine ähnliche Bedeutung haben.
Es gibt auch „falsche Freunde" (**falsos amigos**):

> 🇪🇸 *el éxito* (der Erfolg)   ≠   🇬🇧 *the exit* (der Ausgang)
> 🇪🇸 *el regalo* (das Geschenk)   ≠   🇩🇪 das Regal (🇪🇸 *la estantería*)

Wortfamilien erkennen

Neue Wörter können zu Wortfamilien gehören, die du bereits kennst. Sie haben oft denselben Wortstamm. An den Endungen oder am Artikel kannst du erkennen, ob es ein Verb, ein Adjektiv oder ein Substantiv ist.
Du kennst aus der **Unidad** 1 das Substantiv **el helado** *(das Eis)*. Das Substantiv **la heladería** könnte also *die Eisdiele* heißen. Du kennst aus der **Unidad** 3 das Verb **comer** *(essen)*. Das Substantiv **la comida** könnte also *das Essen* bedeuten.
Achte dabei immer auch auf den Kontext!

Den Zusammenhang (Kontext) nutzen

Viele Wörter kannst du aus dem Zusammenhang erschließen, das heißt aus der Verbindung mit anderen Wörtern oder Bildern. Achte dabei auf den ganzen Satz und auch auf die Textsorte (z. B. Chat, Rezept, E-Mail oder Steckbrief).
→ Aprender con estrategias, Unidad 1, Seite 17, Aufgabe 1

Die Tabelle zeigt dir beispielhaft, wie du dir unbekanntes Vokabular erschließen kannst.

spanisches Wort	Kontext	andere Sprachen	Bedeutung auf Deutsch
farmacia	➕	🇬🇧 pharmacy	Apotheke
oficina de turismo	ℹ️	🇬🇧 office, tourism 🇩🇪 Tourismus	Touristeninformation
aeropuerto	✈️	🇬🇧 airport	Flughafen
salida de emergencia	🚪	🇬🇧 emergency	Notausgang
aseos	🚻		Toiletten

Estrategias

1.2 Wörter nachschlagen

Im Minidiccionario

Ganz hinten im Buch findest du das **Minidiccionario** (Seite 176-186).
In dieser Liste findest du alle Wörter, die du in *¿Qué pasa?* lernst.
Wenn du ein spanisches Wort nicht verstehst, kannst du es im Teil **español – alemán** (ab Seite 176) nachschlagen. Wenn dir ein Wort auf Spanisch fehlt, kannst es im Abschnitt **alemán – español** (ab Seite 181) nachschlagen.
Sieh gut hin: Die Wörter sind alphabetisch sortiert. Du musst nicht nur auf den ersten Buchstaben achten, sondern auch auf den zweiten oder sogar dritten.
Außerdem gibt es oft mehrere Bedeutungen für ein Wort. Sieh dir also immer alle Einträge zu einem Wort an, das du gerade nachschlägst, damit du die richtige Übersetzung findest.
Hinter dem Substantiv kann zudem ein **f** für feminin stehen; der spanische Artikel lautet dann **la**. Oder ein **m** für **maskulin**; der Artikel ist dann **el**.

Im Wörterbuch

Wenn du ein Wort im Minidiccionario nicht findest, kannst du ein zweisprachiges Wörterbuch verwenden. Auch hier musst du auf die verschiedenen Bedeutungen eines Wortes achten.
Die Beispielsätze im Wörterbuch zeigen dir, in welchem Zusammenhang ein Wort verwendet werden kann.

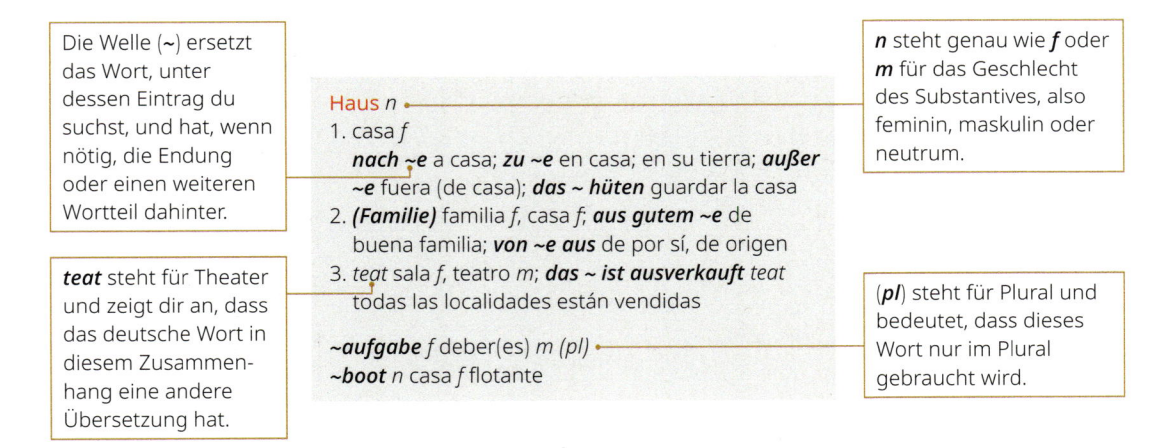

> Die Welle (~) ersetzt das Wort, unter dessen Eintrag du suchst, und hat, wenn nötig, die Endung oder einen weiteren Wortteil dahinter.

> **teat** steht für Theater und zeigt dir an, dass das deutsche Wort in diesem Zusammenhang eine andere Übersetzung hat.

Haus *n*
1. casa *f*
   nach ~e a casa; *zu ~e* en casa; en su tierra; *außer ~e* fuera (de casa); *das ~ hüten* guardar la casa
2. *(Familie)* familia *f*, casa *f*; *aus gutem ~e* de buena familia; *von ~e aus* de por sí, de origen
3. *teat* sala *f*, teatro *m*; *das ~ ist ausverkauft teat* todas las localidades están vendidas

~aufgabe f deber(es) *m (pl)*
~boot n casa *f* flotante

> *n* steht genau wie *f* oder *m* für das Geschlecht des Substantives, also feminin, maskulin oder neutrum.

> *(pl)* steht für Plural und bedeutet, dass dieses Wort nur im Plural gebraucht wird.

Online

Wörterbücher gibt es auch online oder als App. Du kannst ein Wort eingeben und bekommst Übersetzungsvorschläge. Sieh dir auch hier die Vorschläge genau an.
Manchmal steht die passende Bedeutung nicht an erster Stelle.
Wenn du ein Online-Wörterbuch oder eine App verwendest, kannst du dir auch die Aussprache der Wörter anhören. Dazu gibt es meistens ein Lautsprecher-Symbol, das du antippen musst.
Kläre vorher, ob du ein Online-Wörterbuch oder eine App im Unterricht verwenden darfst.

→ Aprender con estrategias, Unidad 1, Seite 15, Aufgabe 8

Estrategias

1.3 Vokabeln lernen

Je mehr Wörter und Redewendungen du kennst, desto besser kannst du dich auf Spanisch verständigen. Neue Vokabeln kannst du auf ganz unterschiedliche Art und Weise lernen. Hier sind ein paar Möglichkeiten. Probiere aus, welche für dich am besten funktioniert.

Mit den Wortlisten im Buch lernen

In den Wortlisten findest du ab Seite 158 alle neuen Wörter nach **Unidades** geordnet. Jede Zeile hat drei Spalten. Ganz links steht das spanische Wort. Lies es laut und lies dann die deutsche Übersetzung. In der rechten Spalte siehst du, wie du das neue Wort in einem Satz verwendest, Antonyme, Synonyme oder ähnliche Wörter im Englischen. Nun kannst du die Wörter lernen, indem du die rechte und mittlere Spalte abdeckst und dich Zeile für Zeile abfragst.

Mit allen Sinnen lernen

- Du kannst die Wörter beim Lernen laut aussprechen, dann behältst du sie besser. Vielleicht möchtest du spanische Vokabeln auch selbst mit dem Handy aufnehmen, sie anhören, nachsprechen und die deutsche Entsprechung sagen oder notieren.
- Lerne nicht nur mündlich, sondern schreibe die Vokabeln auch immer wieder auf. Zu vielen oder aus vielen Wörtern lässt sich sogar ein Bild malen.
- Bewege dich während des Lernens, verbinde bestimmte Worte mit Gesten oder schreibe die Vokabeln mit dem Finger in die Luft.

Mit Klebezetteln lernen

Du kannst Gegenstände in deiner Wohnung mit Klebezetteln beschriften, zum Beispiel **la silla** oder **la mesa**. Dadurch hast du die Vokabeln immer im Blick, wenn du an den Gegenständen vorbeigehst und lernst die Wörter quasi „nebenbei".
→ Aprender con estrategias, Unidad 3, Seite 59, Aufgabe 2

Mit Vokabelnetzen lernen

In einem **red de palabras** kannst du alle Wörter, die zu einem Thema gehören, aufschreiben und dabei so anordnen, dass sie einen sinnvollen Zusammenhang bilden.
- Schreibe dazu in die Mitte einen Oberbegriff.
- Überlege dir Unterbegriffe, die mit deinem zentralen Wort zusammenhängen.
- Denke nicht zu lange darüber nach, an welcher Stelle du dein Vokabelnetz erweitern möchtest. Sonst kann dein Gedankenfluss leicht ins Stocken geraten. Man denkt viel schneller, als man schreibt! Ergänzungen kannst du später immer noch in eine überarbeitete Version aufnehmen.
- Sammle deine persönlichen Vokabelnetze und hefte sie ab. So kannst du immer wieder auf sie zugreifen.

Estrategias

Mit Karteikarten lernen
Probiere das Arbeiten mit einer Lernkartei aus. Dafür brauchst du Karteikarten und eine kleine Box oder Schachtel mit zwei Fächern.
- Auf die Vorderseite der Karteikarten schreibst du das spanische Wort und auf die Rückseite die deutsche Bedeutung. Auf beiden Seiten kannst du einen passenden Beispielsatz ergänzen, damit du die Vokabel in einem Zusammenhang siehst.
- Sammle die Karten in deiner Box bzw. Schachtel.
- Prüfe Karte für Karte, ob du die Bedeutung der Wörter weißt. Zunächst Spanisch-Deutsch, danach Deutsch-Spanisch.
- Wenn du die Bedeutung ohne Zögern weißt, steckst du die Karte in das hintere Fach. Wenn du die Bedeutung noch nicht weißt, dann behalte die Karte im vorderen Fach und probiere es später oder am nächsten Tag noch einmal.

→ Aprender con estrategias, Unidad 5, Seite 101, Aufgabe 6

Mit Vokabeltrainer-Apps lernen
Du kannst auch verschiedene Apps nutzen, um neue Wörter zu lernen. Sprich mit deinen Eltern, bevor du eine kostenpflichtige App herunterlädst.
Die App testet, welche Wörter du schon kennst. Oft gibt es auch kleine Aufgaben, bei denen du Wörter in Sätze einfügen oder die richtige Bedeutung eines Wortes auswählen musst. Bei den meisten Apps kannst du dir die Aussprache eines Wortes anhören.

2 Hören

Im Unterricht hörst du oft Gespräche, kurze Texte oder Lieder auf Spanisch. Am Anfang wirst du nicht alles sofort verstehen, aber lass dich davon nicht entmutigen.

→ Aprender con estrategias, Unidad 4, Seite 75, Aufgabe 6

Vor dem Hören
Wichtig ist, dass du dir vor dem Hören die Aufgabe genau durchliest: Was sollst du herausfinden? Sieh dir auch die Bilder an, wenn es welche gibt. Hier findest du bereits Hinweise auf das Thema und die Gesprächssituation. Überlege dir vorab, um welches Thema es gehen könnte, welche Personen sprechen und welche Vokabeln vorkommen könnten.

Während des Hörens
Konzentriere dich während des Hörens auf die Informationen, die du heraushören sollst. Auch die Stimmen und Hintergrundgeräusche können dir helfen zu verstehen, worum es geht. Mache dir Notizen und achte darauf, keine ganzen Sätze aufzuschreiben. Das kostet zu viel Zeit. Lange Wörter kannst du abkürzen.
Höre dir das Audio so oft an, bis du die Aufgaben lösen kannst.

Nach dem Hören
Wenn es möglich ist, vergleiche deine Ergebnisse mit jemandem aus der Klasse. Habt ihr das Gleiche herausgehört?

Estrategias

> **Nutze jede Gelegenheit, um Spanisch zu hören!**
> - Mit den Audios zu *¿Qué pasa?* kannst du auch zu Hause dein Hörverstehen trainieren.
> - Wenn du spanische Musik hörst, achte auf den Text. Was kannst du schon verstehen?
> - Sieh dir Filme, Serien oder Videos auf Spanisch an. Oft kann man auch die Untertitel einschalten.

3 Hören und Sehen

Bei Videos stehen dir mehrere Informationsquellen gleichzeitig zur Verfügung.
Die (bewegten) Bilder helfen dir, die sprachlichen Aussagen zu verstehen.
- Nutze auch hier zunächst die Vorinformationen aus der Überschrift, der Situationsbeschreibung und der Aufgabenstellung.
- Konzentriere dich beim ersten Ansehen auf den Ort, die Personen, ihre Gestik und Mimik, mögliche Gefühlsäußerungen, die Gesprächssituation, die Musik etc.
- Mache dir Notizen zu allem, was dir auffällt, und stelle erste Vermutungen zur Situation und zu den Beziehungen der Personen untereinander an.
- Achte erst beim erneuten Anschauen auf die Dialoge, überprüfe deine Vermutungen und ergänze deine Notizen. Du musst nicht alle Äußerungen im Detail verstehen.

4 Lesen

Im Spanischunterricht und im Alltag begegenen dir viele unterschiedliche Texte.
Diese Tipps helfen dir beim Verstehen.

Vor dem Lesen
Sieh dir zuerst an, wie der Text gestaltet ist. Gibt es zum Beispiel Bilder? Verraten sie dir vielleicht etwas über den Text? Versuche auch herauszufinden, um welche Textsorte es sich handelt (E-Mail, Flyer, Chat, Dialog, Rezept, …). Lies dir dann die Überschrift durch. Welche Hinweise gibt sie dir?

Während des Lesens
Versuche, beim ersten Lesen grob zu verstehen, worum es geht. Du musst nicht jedes Wort verstehen. Es reicht, wenn du folgende Fragen beantworten kannst:

- ¿Quién?   **Wer** ist beteiligt?
- ¿Dónde?   **Wo** sind die Personen?
- ¿Qué?   **Was** geschieht?
- ¿Cuándo?   **Wann** geschieht es?

Konzentriere dich dann auf die Leseaufgabe, die du beantworten sollst.
Wenn möglich, kannst du Schlüsselwörter im Text markieren.

Nach dem Lesen
Vergleiche deine Ergebnisse mit jemandem aus deiner Klasse. Was habt ihr herausgefunden?

Estrategias

> **Lies Spanisch auch im Alltag!**
> - Du kannst im Internet nach interessanten Texten auf Spanisch suchen.
> - In Büchereien gibt es meist auch eine kleine Abteilung mit spanischen Büchern.

5 Schreiben

Wenn du einen Text schreiben willst, gehst du am besten Schritt für Schritt vor.

Planen
Lies dir die Aufgabe genau durch, damit du weißt, was für einen Text du schreiben sollst. Sammle dann Ideen und Wörter zu dem Thema. Die Übersichten auf den Seiten **Gramática y comunicación** können dir helfen.

Schreiben
Sieh dir deine Planung noch einmal an und schreibe einen Entwurf. Du kannst einen Text aus dem Buch als Muster verwenden: Übernimm passende Satzanfänge und Ausdrücke und ersetze die Wörter, die nicht zu deinem Thema passen.
Verbinde die Sätze miteinander (siehe **Así se dice**), damit sich dein Text flüssig liest. Vermeide außerdem Wiederholungen und verwende Adjektive. Diese machen deinen Text lebendiger. Überlege dir zum Schluss eine passende Überschrift.

Así se dice

Folgende Ausdrücke verwendest du zum ...

Aufzählen:	Ergänzen:	Begründen:	Einschränken:
primero	y	porque	pero
después	o		
luego	también		
al final	tampoco		
	además		

Überarbeiten
Nimm dir Zeit, deinen Text abschließend zu überarbeiten, und orientiere dich dabei an folgendem Ablauf. Genauso kannst du vorgehen, wenn du den Text einer anderen Person korrigierst.
- Achte zunächst auf den Inhalt: Wurden die Fragen vollständig beantwortet und ist die Gliederung sinnvoll? Ist der Text zu kurz oder zu lang?
- Überprüfe dann die sprachliche Richtigkeit. Erstelle dir hierfür eine Checkliste mit deinen häufigsten Fehlern (siehe Beispiel auf Seite 148). Notiere auf dieser Liste stichwortartig, worauf du bei der Korrektur besonders achten solltest, und füge kurze Beispiele hinzu. Ergänze diese Checkliste regelmäßig.
- Wenn du immer wieder mit deiner Checkliste arbeitest, merkst du dir schnell die wichtigen Punkte und achtest in Klassenarbeiten automatisch darauf.

Estrategias

El idioma

Häufige Fehlerquellen:

1. Angleichung
   - von Artikeln, Begleitern und Adjektiven:
     la chic**a** pelirroj**a**
   - von Subjekt und Verb: **los** chic**os** habl**an**

2. Verwendung des richtigen Artikels:
   la foto, **el** aula

3. Rechtschreibung / Akzentsetzung:
   quince, profe**s**or, habitaci**ó**n

4. richtige Anwendung von **ser**, **estar**, **hay**:
   Hay un perro en casa. **Es** grande y **está** cerca.

5. Verschmelzung von Artikel und Präposition:
   Juego **al** fútbol con mis amigos.
   Es el libro **del** chico.

6. Zeichensetzung:
   ¡Qué bien**!** ¿Cómo**?**

7. Verwendung der richtigen Pronomen:
   Me gusta leer libros.

8. Schreibweise der konjugierten Verben:
   ha**g**o, qu**ie**ro

Textverarbeitungsprogramme verwenden
Wenn du deinen Text am Computer schreibst, kannst du ihn immer wieder überarbeiten. Die Programme zeigen dir oft auch Fehler an. Dafür musst du aber in der Korrekturhilfe als Sprache Spanisch auswählen.

El idioma

Spanische Sonderzeichen:

PC	Mac
¿ = Alt 168	¿ = Alt ß
¡ = Alt 173	¡ = Alt 1
ñ = Alt 164	ñ = Alt n n

6 Sprechen

6.1 Mit anderen sprechen

Du wirst viele Gelegenheiten haben, dich auf Spanisch zu unterhalten.
Diese Tipps helfen dir, dich beim Reden sicherer zu fühlen:
- Versuche, so viel wie möglich auf Spanisch auszudrücken, und überlege dir vor dem Gespräch einige Ausdrücke, die du verwenden kannst.
- Wenn du etwas nicht verstanden hast, bitte darum, dass es wiederholt wird:
  ¿Puedes repetirlo, por favor?
- Wenn dir ein Wort nicht einfällt, kannst du es umschreiben:
  Es una cosa que...
  En alemán significa...
- Rollenspiele und Gruppenarbeiten sind eine gute Möglichkeit, dein Spanisch zu trainieren. Schreibt in der Gruppe das, was ihr sagen wollt, auf einzelne Kärtchen. Mit der Methode *lesen – gucken – sprechen* kannst du deine Rolle auswendig lernen: Du liest deinen Satz still, siehst dann hoch und sprichst ihn.
- Denke beim Sprechen an den passenden Gesichtsausdruck (Mimik) und die passende Bewegung (Gestik). Halte außerdem Augenkontakt zu deinem Gegenüber.
- Achte auf eine höfliche Ausdrucksweise und verwende Ausdrücke wie **gracias**, **por favor** und **perdón**.

6.2 Präsentationen halten

Manchmal musst du vor der Klasse etwas auf Spanisch präsentieren.
Mit der richtigen Vorbereitung gelingt dir das.
→ Aprender con estrategias, Unidad 6, Seite 119, Aufgabe 6

Vorbereitung
- Sammle deine Ideen und schreibe sie auf.
- Wenn gewünscht, dann erstelle ein Poster oder eine digitale Präsentation.
  Vermerke immer, wo du die Bilder und deine Informationen gefunden hast.
- Notiere Stichpunkte auf Karteikarten, die du während der Präsentation nutzen willst, oder nimm ein DIN A4-Blatt und knicke es längs auf der Hälfte. Schreibe deinen ausformulierten Vortrag auf die linke Seite des Blattes. Notiere dann die wichtigsten Stichwörter aus deinem ausformulierten Vortrag auf die rechte Seite. Klappe das Blatt nun so, dass du nur die rechte Seite mit den notierten Stichwörtern siehst. Diese Wörter kannst du als Gedächtnisstütze beim Vortragen verwenden.
- Übe deinen Vortrag, zum Beispiel vor dem Spiegel oder vor deiner Familie.
  Du kannst deinen Vortrag zur Probe auch aufnehmen, zum Beispiel mit dem Handy.

Präsentation
- Sprich langsam und deutlich.
- Sieh dein Publikum während des Sprechens immer mal wieder an und verwende Gesten, damit dein Vortrag lebendig wird.
- Versuche, möglichst frei zu sprechen. Wenn du einmal nicht weiter weißt, kannst du kurz auf deine Notizen schauen. Du kannst dann sagen: **Un momento, por favor.**
- Gib deinem Publikum abschließend die Gelegenheit, Fragen zu stellen.

¡Hola! Hoy quiero hablar de…

En esta foto podéis ver…

Muchas gracias por escuchar. ¿Tenéis preguntas?

Feedback geben
Wenn du zuhörst, wirst du manchmal aufgefordert, nach einem Vortrag Feedback zu geben.
Nenne zunächst eine Sache, die dir gut gefallen hat. Mache dann einen Vorschlag,
wie der Vortrag beim nächsten Mal noch besser werden kann.
Wenn du die Präsentation gehalten hast, mache dir ein paar Notizen zum Feedback deiner Zuhörerinnen und Zuhörer. So kannst du dir merken, was du das nächste Mal besser machen kannst.

Estrategias

7 Sprachmittlung

Manchmal kannst du einer Person helfen, die deine Sprache oder eine Fremdsprache nicht so gut kann wie du. Dabei kommt es nicht darauf an, dass du alles Wort für Wort übersetzt. Du musst nur den Sinn wiedergeben und nur die Informationen, die für die andere Person wichtig sind bzw. die sie wissen will.
Bilde möglichst kurze, einfache Sätze. Wenn dir ein wichtiges Wort nicht einfällt, kannst du es umschreiben.
Manchmal musst du zusätzliche Erklärungen und landeskundliches Hintergrundwissen hinzufügen, auch wenn diese in der Form nicht im Ausgangstext gegeben werden.

Ihre Englischlehrerin heißt María. In Spanien duzen sich alle in der Schule. Das ist ganz normal.

Mi profe de Inglés se llama María.

8 Medien nutzen

8.1 Informationen im Internet suchen

Bevor du im Internet Informationen suchst (zum Beispiel für ein Referat), überlege dir geeignete Suchbegriffe. Versuche, möglichst genau auf Spanisch zu formulieren, wonach du suchst. Überfliege die Seiten, die für dich interessant sind. Achte bei der Auswahl der Suchergebnisse auf seriöse Quellen (zum Beispiel offizielle Websites von Städten) und prüfe nach Möglichkeit, wann die Seite zuletzt aktualisiert wurde.
Mache dir Notizen zu den relevanten Inhalten. Notiere dir auch die Quelle und das Datum der Recherche. Die Quelle ist die URL. Das ist die Adresse der Webseite. Du kannst sie aus dem Browser kopieren und speichern.
Informiere dich auch darüber, ob du die Bilder / Videos / Musik herunterladen und weiterverwenden darfst oder ob du lieber gemeinfreies Material oder Material, das unter einer Creative-Common-Lizenz (CC) steht, verwendest. Nenne aber auch hier immer den Urheber.

Estrategias

8.2 Ein digitales Produkt erstellen

Es gibt mehrere Möglichkeiten, um ein Arbeitsergebnis digital zu präsentieren.

Video
Plane gut, was du erzählen bzw. zeigen möchtest, und was du dafür benötigst.
Mache dir Notizen und arbeite diese zu einer umfangreichen Beschreibung der Szenen aus. Überlege dir auch, wie lange die Szenen dauern sollen und wo die Kamera stehen soll. Diese sollte, wenn möglich, auf einem Stativ montiert werden.
Wenn du selbst in die Kamera sprichst, bedenke, dass du nichts abliest und der Text nicht auswendig gelernt klingt.
Nach dem Dreh kannst du das Video noch mit einem Computerprogramm oder einer App für Filmschnitt bearbeiten. Speichere es dann in einem Video-Dateiformat, zum Beispiel MP4, ab.

Audio
Mache dir Notizen zu dem Thema, über das du sprechen möchtest, und arbeite sie zu einem Text aus. Übe dann, den Text fehlerfrei und gut betont vorzulesen. Wenn du dabei merkst, dass ein Satz schwierig zu lesen ist, formuliere ihn um. Am einfachsten sind kurze, nicht verschachtelte Sätze, in denen du bekannte Vokabeln verwendest.
Für die Aufnahme kannst du zum Beispiel ein Smartphone nutzen. Mit einem passenden Computerprogramm oder einer App kannst du die Hördatei anschließend bearbeiten (zum Beispiel kleine Versprecher oder Räusperer herausschneiden).
Speichere es dann in einem Audio-Dateiformat, zum Beispiel MP3, ab.

Digitale Präsentation
Deine Präsentation (siehe Seite 149) kannst du mit digitalen Folien visuell unterstützen. Verwende aber nicht zu viele Folien und fasse dich kurz: Verwende nur Schlüsselwörter oder Stichpunkte und niemals ganze Sätze. Achte darauf, dass du eine große Schrift verwendest, die man gut lesen kann. Auf den Folien kannst du auch Fotos, Grafiken und Videos präsentieren. Bedenke, dass das Gezeigte immer zu dem passen sollte, was du gerade erzählst.

Digitale Pinnwand
Auf digitalen Pinnwänden könnt ihr orts- und zeitunabhängig eure Arbeitsergebnisse sammeln und präsentieren. Ihr könnt auch gemeinsam die Pinnwände erstellen und zusammen an den Materialien arbeiten.
Informiert euch bei euren Lehrkräften, welche Programme ihr dafür nutzen dürft.

Los verbos

Hier findest du die Konjugationen oder Konjugationsmuster von allen Verben, die du in *¿Qué pasa?* **1** lernst.

1 Die Hilfsverben
Los verbos auxiliares

infinitivo	ser	estar	haber
presente	soy eres es somos sois son	estoy estás está estamos estáis están	hay

2 Die regelmäßigen Verben
Los verbos regulares

infinitivo	habl**ar**	com**er**	viv**ir**
presente	habl**o** habl**as** habl**a** habl**amos** habl**áis** habl**an**	com**o** com**es** com**e** com**emos** com**éis** com**en**	viv**o** viv**es** viv**e** viv**imos** viv**ís** viv**en**

3 Die Diphthongverben e → ie
Los verbos con diptongación e → ie

infinitivo	emp**e**zar	qu**e**rer
presente	emp**ie**zo emp**ie**zas emp**ie**za empezamos empezáis emp**ie**zan	qu**ie**ro qu**ie**res qu**ie**re queremos queréis qu**ie**ren
otros verbos	*nevar*	

Los verbos

4 Die Diphthongverben o → ue und u → ue
Los verbos con diptongación o → ue y u → ue

infinitivo	jugar	volar	poder	dormir
presente	juego	vuelo	puedo	duermo
	juegas	vuelas	puedes	duermes
	juega	vuela	puede	duerme
	jugamos	volamos	podemos	dormimos
	jugáis	voláis	podéis	dormís
	juegan	vuelan	pueden	duermen
otros verbos			llover	

5 Die unregelmäßigen Verben
Los verbos irregulares

infinitivo	hacer	ir	tener	ver
presente	hago	voy	tengo	veo
	haces	vas	tienes	ves
	hace	va	tiene	ve
	hacemos	vamos	tenemos	vemos
	hacéis	vais	tenéis	veis
	hacen	van	tienen	ven

ciento cincuenta y tres

El alfabeto

Das Alphabet El alfabeto

Buchstabe	Lesart	Lautschrift / Aussprache	Beispiel
A a	a	[a]	amiga
B b	be	[b] am Wortanfang wie Berge	barrio
		[β] in der Wortmitte weicher, zwischen b und v	abuelos
C c	ce	[k] vor a, o und u wie Kino	caballo, Colombia, cumple
		[θ] vor e und i wie englisch „thick"	centro, cinco
D d	de	[d] im Anlaut und nach n und l wie Dach; sonst etwas schwächer als englisch „the"	¿dónde? vida
E e	e	[e]	el
F f	efe	[f] wie Ferien	fútbol
G g	ge	[g] vor a, o und u wie Gans[1]	gato, gordito, guapo
		[χ] vor e und i wie acht	genial, Gilberto
H h	hache	wird nicht ausgesprochen	hoy
I i	i	[i]	instituto
J j	jota	[χ] wie acht	jugar
K k	ka	[k] wie Kino	kilo
L l	ele	[l] wie Lampe	leer
M m	eme	[m] wie Mutter	Madrid
N n	ene	[n] wie nein	no
Ñ ñ	eñe	[ɲ] etwa wie n und j, wie Cognac	España
O o	o	[o]	ocho
P p	pe	[p] wird nicht gehaucht	papá
Q q	cu	[k] vor e und i wie Kino, das u wird nicht ausgesprochen	quince
R r	erre	[r] wird gerollt	para
		[rr] wird am Wortanfang und als Doppelbuchstabe stärker gerollt	radio, aburrido
S s	ese	[s] wird stimmlos ausgesprochen wie Maus	sí
T t	te	[t] wird nicht gehaucht	tocar
U u	u	[u]	uno
V v	uve	[b] am Wortanfang wie Berge	vale
		[β] wie b, in der Wortmitte weicher, zwischen b und v	nueve
W w	uve doble	wie gu	wifi
X x	equis	[x] wie ks in Keks oder stimmloses s in Maus	explicar
Y y	ye	[ʎ] wie ja	playa
Z z	zeta	[θ] wie englisch „thick"	plaza

Vokale werden im Spanischen kürzer und offener als im Deutschen ausgesprochen. Konsonanten klingen weicher. Die Buchstabenkombinationen ch und ll repräsentieren einen einzigen Laut. Sie werden wie [tʃ] in tschüss bzw. wie [ʎ] in ja ausgesprochen, z. B. chocolate bzw. me llamo.

[1] Den [g]-Laut vor einem e oder i schreibt man gue oder gui, das u wird nicht ausgesprochen, z. B. Miguel, guitarra.

La acentuación y la ortografía

Vokalfolgen

b**ie**nvenidos, s**oy**, b**ue**no, el **au**la, la c**iu**dad s**ei**s, **eu**ro	Vokalfolgen mit den schwachen Vokalen **i** und **u** werden als eine Silbe gesprochen. Das nennt man einen Diphthong. Anders als im Deutschen behalten dabei beide Vokale ihren Klang, auch bei **ei** und **eu**.
el t**í**o, el d**í**a	Trägt ein schwacher Vokal in einer Vokalfolge einen Akzent, wird kein Diphthong gebildet und die Vokalfolge als zwei Silben gesprochen.
el **ae**ropuerto, la id**ea**, el víd**eo**, el p**oe**ta	Vokalfolgen aus zwei starken Vokalen, also **a**, **e**, und **o**, bilden keinen Diphthong und werden als zwei Silben gesprochen.

Die Betonung und Akzentsetzung La acentuación

el her**ma**no, la **no**che, ma**ña**na, **gra**cias, es**cri**ben	Wörter, die auf Vokal, n oder s enden, werden auf der vorletzten Silbe betont.[1]
ge**nial**, la ciu**dad**, que**dar**	Wörter, die auf Konsonant (außer n und s) enden, werden auf der letzten Silbe betont.[1]
est**á**, tam**bién**, Luc**í**a, el tel**é**fono, las Matem**á**ticas	Alle Wörter, deren Betonung nicht einer dieser beiden Regeln entspricht, tragen einen Akzent auf dem betonten Vokal.
la habita**ción** / las habita**cio**nes el e**xa**men / los e**xá**menes	Damit die Betonung im Singular und Plural immer gleich bleibt, verlieren manche Wörter im Plural den Akzent, andere Wörter bekommen einen Akzent dazu.
¿qu**é**? ¿c**ó**mo? ¿d**ó**nde? ¿cu**á**ntos/-as? ¡Qu**é** bien! ¡Qu**é** fiesta genial!	Frage- und Ausrufewörter tragen immer einen Akzent.
el – **é**l mi – m**í** tu – t**ú** que – ¿qu**é**? cuando – ¿cu**á**ndo?	der – er mein – mich/mir dein – du dass – was? wenn – wann?	Es gibt Wörter mit gleicher Schreibweise, aber verschiedenen Bedeutungen. Der Akzent dient hier der Bedeutungsunterscheidung.

Die Rechtschreibung La ortografía

Alejandro Álvarez Sanz	Im Spanischen werden Substantive kleingeschrieben. Ausnahmen sind Eigennamen, Schulfächer, Festtage und geografische Namen von Ländern, Städten, Straßen und Flüssen.
la clase de Música, el examen de Inglés	
Navidad, Semana Santa, Feria de Abril	
España, Madrid, calle Gracia, el río Urumea	

[1] Ein Diphthong zählt als eine Silbe.

Hablar en clase

Übungsanweisungen Indicaciones para los ejercicios

Bis einschließlich der Unidad 3 sind in diesem Buch alle Übungsanweisungen zweisprachig. In der folgenden Übersicht findest du die wichtigsten Übungsanweisungen mit ihrer deutschen Übersetzung.

Adivina / Adivinad... **Apunta / Apuntad** las respuestas.	**Errate / Erratet** ... **Notiere / Notiert** die Antworten.
Busca / Buscad la frase correcta.	**Suche / Sucht** den richtigen Satz.
Cambia / Cambiad... **Canta / Cantad** la canción. **Compara / Comparad** el dibujo con... **Completa / Completad** con las formas correctas de... **Comprueba / Comprobad** las respuestas. **Conjuga / Conjugad** los verbos. **Contesta / Contestad** a las preguntas. **Corrige / Corregid** las frases falsas.	**Tausche / Tauscht** ... **Singe / Singt** das Lied. **Vergleiche / Vergleicht** die Zeichnung mit ... **Ergänze / Ergänzt** die richtigen Formen von ... **Überprüfe / Überprüft** die Antworten. **Konjugiere / Konjugiert** die Verben. **Antworte / Antwortet** auf die Fragen. **Berichtige / Berichtigt** die falschen Sätze.
Deletrea / Deletread las palabras. **Describe / Describid** los dibujos/las fotos. **Di / Decid**... **Dibuja / Dibujad**...	**Buchstabiere / Buchstabiert** die Wörter. **Beschreibe / Beschreibt** die Bilder / die Fotos. **Sage / Sagt** ... **Zeichne / Zeichnet** ...
Elige / Elegid una situación. **Escribe / Escribid** un texto / un diálogo. **Escucha / Escuchad** la canción. **Explica / Explicad** por qué...	**Suche dir / Sucht euch** eine Situation **aus**. **Schreibe / Schreibt** einen Text / einen Dialog. **Höre dir / Hört euch** das Lied **an**. **Erkläre / Erklärt**, warum ...
Forma / Formad por lo menos ocho frases. **Formula / Formulad** una regla para...	**Bilde / Bildet** mindestens acht Sätze. **Formuliere / Formuliert** eine Regel für ...
Habla / Hablad un minuto de... **Haz / Haced** frases / una tabla / ...	**Sprich / Sprecht** eine Minute lang über ... **Erstelle / Erstellt** Sätze / eine Tabelle / ...
Inventa / Inventad una historia / un final / ... **Investiga / Investigad** en internet.	**Erfinde / Erfindet** eine Geschichte / einen Schluss / ... **Recherchiere / Recherchiert** im Internet.
Juega / Jugad con dos dados.	**Spiele / Spielt** mit zwei Würfeln.
Lee / Leed el texto en voz alta.	**Lies / Lest** den Text laut **vor**.
Mira / Mirad la foto / el vídeo.	**Sieh dir / Seht euch** das Foto / das Video **an**.
Ordena / Ordenad las palabras de la casilla.	**Ordne / Ordnet** die Wörter aus dem Feld.
Pregunta / Preguntad a un/a compañero/-a por... **Presenta / Presentad** los resultados en clase.	**Frage / Fragt** eine/n Mitschüler/in nach ... **Stelle / Stellt** die Ergebnisse in der Klasse **vor**.
Relaciona / Relacionad... con... **Repite / Repetid**... **Representa / Representad** el diálogo en clase.	**Verbinde / Verbindet** ... mit ... **Wiederhole / Wiederholt** ... **Führe / Führt** den Dialog in der Klasse **auf**.
Toma / Tomad apuntes. **Trabajad** en parejas / en grupos de tres. **Traduce / Traducid**...	**Mache dir / Macht euch** Notizen. **Arbeitet** zu zweit / zu dritt. **Übersetze / Übersetzt** ...
Usa / Usad el diccionario si es necesario.	**Verwende / Verwendet** wenn nötig das Wörterbuch.

Hablar en clase

Euer Vokabular Vuestro vocabulario

Necesitáis ayuda o informaciones:
- Tengo una pregunta.
- ¿Puedes[1] ayudarme?
- ¿Qué significa… en alemán?
- ¿Cómo se dice… en español?
- ¿Cómo se escribe…?
- ¿Cómo se pronuncia…?
- ¿Es correcto / falso?

Ihr braucht Hilfe oder Informationen:
- Ich habe eine Frage.
- Kannst du[1] mir helfen?
- Was bedeutet … auf Deutsch?
- Wie sagt man … auf Spanisch?
- Wie schreibt man …?
- Wie spricht man … aus?
- Ist das richtig / falsch?

No sabéis dónde estáis o qué tenéis que hacer:
- ¿En qué página está / estamos?
- ¿Qué ejercicio estamos haciendo?
- ¿Tenemos que terminarlo en casa?
- ¿Qué deberes tenemos?

Ihr wisst nicht, wo ihr gerade seid oder was ihr machen müsst:
- Auf welcher Seite steht das / sind wir?
- Welche Aufgabe machen wir gerade?
- Müssen wir das zu Hause fertig machen?
- Was sind unsere Hausaufgaben?

No habéis comprendido algo u os parece demasiado rápido:
- No comprendo (el ejercicio).
- No comprendo la frase de la línea…
- ¿Puedes[1] poner un ejemplo, por favor?
- ¿Puedes[1] escribir la palabra en la pizarra?
- ¿Puedes[1] hablar más despacio / más alto?
- ¿Puedes[1] repetir, por favor?
- ¿Podemos escuchar otra vez, por favor?
- Todavía no he terminado.
- No sé.

Ihr habt etwas nicht verstanden oder es geht euch zu schnell:
- Ich verstehe (die Aufgabe) nicht.
- Ich verstehe den Satz in Zeile … nicht.
- Kannst du[1] bitte ein Beispiel geben?
- Kannst du[1] das Wort an die Tafel schreiben?
- Kannst du[1] langsamer / lauter sprechen?
- Kannst du[1] bitte wiederholen?
- Können wir es bitte noch einmal hören?
- Ich bin noch nicht fertig.
- Ich weiß es nicht.

Estáis trabajando en grupos:
- ¿A quién le toca?
- Te toca a ti.
- ¿Sigo?
- Quiero seguir.
- ¿Qué hacemos ahora?

Ihr arbeitet in der Gruppe:
- Wer ist dran?
- Du bist dran.
- Soll ich weitermachen?
- Ich möchte weitermachen.
- Was machen wir jetzt?

Queréis disculparos:
Lo siento.
- No tengo mis deberes.
- Perdón, he llegado tarde.
- He dejado mi libro en casa.

Ihr möchtet euch entschuldigen:
- Es tut mir leid.
- Ich habe meine Hausaufgaben nicht.
- Entschuldigung, ich bin zu spät gekommen.
- Ich habe mein Buch zu Hause gelassen.

Das Vokabular des Lehrers/der Lehrerin
El vocabulario del profesor/de la profesora

- Abrid los libros en la página…
- Escuchad el audio.
- Haced el ejercicio número…
- Contestad a las preguntas de la página…
- (Ven) A la pizarra, por favor.
- ¿Comprendéis todo?
- ¿Tenéis una pregunta?

- Schlagt die Bücher auf Seite … auf.
- Hört das Audio an.
- Macht die Übung Nummer …
- Beantwortet die Fragen auf der Seite …
- (Komm) Bitte zur Tafel.
- Versteht ihr alles?
- Habt ihr eine Frage?

- Muy bien. / Correcto.
- Eso no es correcto.
- Inténtalo otra vez.
- Repite la palabra / la frase.
- Trabajad en parejas.
- Trabajad en grupos de cuatro.
- Los deberes para la próxima clase son…

- Sehr gut. / Richtig.
- Das ist nicht richtig.
- Versuch es noch einmal.
- Wiederhole das Wort / den Satz.
- Arbeitet zu zweit.
- Arbeitet in Vierergruppen.
- Die Hausaufgaben für die nächste Stunde sind …

---

[1] In Spanien duzen die Schüler/innen normalerweise ihre Lehrer/innen (¿Pued**es** ayudarme?). Wenn ihr eure Lehrer/innen siezt, dann benutzt ihr die 3. Person Singular (¿Pued**e** ayudarme?).

Vocabulario

Hier sind alle neuen Wörter in der Reihenfolge aufgelistet, in der sie im Buch vorkommen.
Neben dem spanischen Ausdruck und seiner deutschen Entsprechung findest du in der rechten Spalte oft einen Beispielsatz, Synonyme, Antonyme, Wörter aus derselben Wortfamilie oder verwandte Wörter aus dem Englischen. Diese helfen dir dabei, dir die neuen Vokabeln besser einzuprägen.
In der Spalte ganz links findest du die Aufgabe, in der das Wort eingeführt wird (i = Introducción, A1 = Parte A, Aufgabe 1).
Neue Wörter, die zu einer Gruppe gehören (wie die Haustiere oder die Kleidungsstücke) sind in einem Kasten zusammengefasst. Auch diese Vokabeln sind Lernwörter.

Die wichtigsten spanischen Arbeitsanweisungen und ihre deutsche Bedeutung findest du auf Seite 157.

fett	Lernwortschatz	*ugs.*	umgangssprachlich
normal	fakultativer Wortschatz	*jdn.*	jemanden
		etw.	etwas *(= algo)*
alg.	*alguien* (jemanden)	o → ue	Verb mit Stammwechsel
		u → ue	Verb mit Stammwechsel
m.	maskulin	e → ie	Verb mit Stammwechsel
f.	feminin		
irr.	unregelmäßiges Verb *(= verbo irregular)*, siehe Seite 153		
sg.	Singular	≠	gegenteilige Bedeutung
pl.	Plural	=	gleiche Bedeutung
col.	*coloquial* (umgangssprachlich)	👪	Verweis auf die Wortfamilie
Lat.	*Latinoamérica* (Lateinamerika)	🇬🇧	Englisch (verwandtes Wort)

Unidad 1: Las vacaciones en Ribadesella

i	**las vacaciones** *f. pl.*	der Urlaub, die Ferien	🇬🇧	vacation
	en	in, auf, an		
	¡Hola!	Hallo!		
	me llamo	ich heiße		**Me llamo** Lucía. Ich heiße Lucía.
	soy	ich bin		**Soy de** Ribadesella.
				Ich bin aus Ribadesella.
	de	von, aus		
	para mí	für mich		
	para	für		
	son	sie sind		
	la música	die Musik	🇬🇧	music

Vocabulario

y	und	Achtung: **y** wird vor **(h)i** zu **e**: Lucía **e** Inés
el/la amigo/-a	der/die Freund/in	Soy la **amiga** de Tito. Ich bin die Freundin von Tito.
él	er	**Él es** Raúl. Er ist Raúl.
es	er/sie/es ist	
yo	ich	**Yo** soy Lucía. Ich bin Lucía.
el/la hermano/-a	der Bruder, die Schwester	Lucía es la **hermana** de Miguel. Lucía ist die Schwester von Miguel.
la playa	der Strand	
el helado	das (Speise)eis, die Eiscreme	
¡Hasta luego!	Bis später!	
somos	wir sind	**Somos** amigos. Wir sind Freunde.
el verano	der Sommer	
horrible	schrecklich	🇬🇧 horrible
pero	aber	
genial	genial	La playa es **genial**. Der Strand ist genial.
la montaña	der Berg, das Gebirge	🇬🇧 mountain
el juego	das Spiel	
¡Buenos días!	Guten Morgen! Guten Tag!	
el deporte	der Sport	
el sol	die Sonne	
el restaurante	das Restaurant	
el hotel	das Hotel	
el papá	der Papa	Él es el **papá** de Lucía. Er ist der Papa von Lucía.
el/la chico/-a	der Junge, das Mädchen	Lucía y Clara son **chicas**. Lucía und Clara sind Mädchen.
ella	sie *(sg.)*	**Ella** es Clara. Sie ist Clara.
el/la primo/-a	der/die Cousin/e	Clara es la **prima** de Lucía. Clara ist die Cousine von Lucía.
el bar	das (Steh)café, die Bar	
la fiesta	das Fest, die Party	La **fiesta** es genial. Die Party ist genial.
¡Adiós!	Tschüss!	
A1 el espacio cultural	der kulturelle Raum	
A2 ¿cómo?	wie?	

Vocabulario

	¿Cómo te llamas?	Wie heißt du?	
	¿de dónde?	woher?	**¿De dónde eres?** Woher kommst du?
	eres	du bist	
	¡Buenas tardes!	Guten Tag! Guten Abend!	
	¡Buenas noches!	Guten Abend! Gute Nacht!	
	tú	du	**¿Tú** eres el amigo de Raúl? Bist du der Freund von Raúl?
	se llama	er/sie/es heißt	Él **se llama** Omar. Er heißt Omar.
	¡Hasta mañana!	Bis morgen!	
A3	el verbo	das Verb	
	ser *(irr.)*	sein	
	nosotros/-as	wir	**Nosotros** somos amigos. Wir sind Freunde.
	vosotros/-as	ihr	**Vosotras** sois amigas. Ihr seid Freundinnen.
	ellos/ellas	sie *(pl.)*	**¿Ellos** son amigos? Sind sie Freunde?
A4	a descubrir	zum Entdecken	
A8	aprender con estrategias	mit Strategien lernen	
	la palabra	das Wort	
	significa	er/sie/es bedeutet	
	el alemán	das Deutsch, die deutsche Sprache	*Playa* **significa** *Strand* en **alemán**. *Playa* bedeutet *Strand* auf Deutsch.
B1	¿Qué tal?	Wie geht's?	
	muy	sehr	
	bien	gut	
	gracias	danke	¿Qué tal? – Muy bien, gracias. Wie geht's? – Sehr gut, danke.
	¡Oye!	Hör mal!	
	¿qué?	was?	
	¿Qué pasa?	Was ist (los)?	**¿Qué pasa hoy?** Was ist heute los?
	hoy	heute	
	la piragua	das Kanu	
	popular	beliebt	🇬🇧 popular
	sí	ja	
	mañana	morgen	¡Hasta mañana!
B2	¿Qué significa…?	Was bedeutet…?	
B3	el cartel	das Plakat, das Schild	
B4	¿Cómo estás?	Wie geht es dir?	= ¿Qué tal?
	así así	einigermaßen	
	regular	mittelmäßig	= así así
	mal	schlecht	≠ bien
	fatal *(col.)*	übel, mies	= muy mal
B6	el alfabeto	das Alphabet	
B7	¿Cómo se escribe…?	Wie schreibt man …?	

Vocabulario

Unidad 2: Mi vida en Madrid

i	mi	mein/e	🇬🇧 my
	la vida	das Leben	La **vida** en Madrid es genial. Das Leben in Madrid ist genial.
	la madre	die Mutter	Mi **madre** se llama Isabel. Meine Mutter heißt Isabel.
	el padre	der Vater	Mi **padre** se llama Víctor. Mein Vater heißt Víctor.
	los padres	die Eltern	Los **padres** de Tito son de Gijón. Die Eltern von Tito sind aus Gijón.
	el/la mejor amigo/-a	der/die beste Freund/in	Mi **mejor amiga** se llama Ida. Meine beste Freundin heißt Ida.
	la mascota	das Haustier	Mi **mascota** es un **conejo**. Mein Haustier ist ein Kaninchen.
	el conejo	das Kaninchen	
A1	el parque	der Park	
	¿quién?	wer?	
	el perro	der Hund	
	no	nein, nicht, kein/e	≠ sí
	la ciudad	die Stadt	🇬🇧 city
	cerca de	in der Nähe von	Segovia es una ciudad **cerca de** Madrid. Segovia ist eine Stadt in der Nähe von Madrid.
	ahora	jetzt	
	el barrio	das Stadtviertel	Mi **barrio** se llama Südstadt. Mein Stadtviertel heißt Südstadt.
	también	auch	Yo **también** soy de Madrid. Ich bin auch aus Madrid.
	¿Cuántos años tienes?	Wie alt bist du?	
	el año	das Jahr	Tengo 14 **años**. Ich bin 14 Jahre alt.
	tener *(irr.)*	haben	Yo **tengo** un perro. Ich habe einen Hund.
	los hermanos *m. pl.*	die Geschwister	Lucía y Miguel son **hermanos**. Lucía und Miguel sind Geschwister.
	un/una	ein/e *(unbest. Artikel, sg.)*	Lucía tiene **un** conejo. Lucia hat ein Kaninchen.
	el hámster	der Hamster	**Achtung:** los hámster**es** *(pl.)*
A4	el número	die Zahl, die Nummer	🇬🇧 number
A5	la estación	der Bahnhof	🇬🇧 station
A9	así	so	Sí, **así** es. Ja, so ist es.

ciento sesenta y uno **161**

Vocabulario

Las mascotas:

el caballo — el conejillo de Indias — el conejo — el gato — el periquito

el perro — el pez — el hámster — la tortuga

A10	tu	dein/e	¿Cómo se llama **tu** padre? Wie heißt dein Vater?
B1	quedar	sich verabreden, sich treffen	**Quedo** con mi amiga en el parque. Ich treffe mich mit meiner Freundin im Park.
	por la tarde	nachmittags, abends	¿Quedamos **por la tarde**? Treffen wir uns nachmittags?
	la tarde	der Nachmittag, der Abend	
	hablar (de)	sprechen (über), reden (über)	**Hablamos de** las vacaciones. Wir sprechen über die Ferien.
	el tiempo	die Zeit	🇬🇧 time
	pasar	verbringen	Hoy **paso tiempo** con Lucía. Heute verbringe ich Zeit mit Lucía.
	el cine	das Kino	🇬🇧 cinema
	con	mit	
	luego	später, nachher, dann	Hablamos **luego**. Wir sprechen später.
	en casa	zu Hause	
	la casa	das Haus	
	grabar	aufnehmen	**Grabo** un **vídeo** para mi prima. Ich nehme ein Video für meine Cousine auf.
	el vídeo	das Video	
	¿cuándo?	wann?	¿**Cuándo** quedamos hoy? Wann treffen wir uns heute?
	entonces	also, dann	**Entonces** quedamos **por la noche**. Dann treffen wir uns abends.
	por la noche	abends, nachts	
	la noche	der Abend, die Nacht	🇬🇧 night
	por la mañana	morgens, vormittags	≠ por la noche
	la mañana	der Morgen, der Vormittag	≠ la tarde
	vale	einverstanden, o. k.	

Vocabulario

el catalán	die katalanische Sprache, das Katalanisch	Omar habla **catalán**. Omar spricht Katalanisch.
el castellano	das Spanisch, das kastilische Spanisch	
el español	das Spanisch, die spanische Sprache	Mi padre habla **español**. Mein Vater spricht Spanisch.
un poco (de)	ein bisschen	Hablo **un poco de inglés**. Ich spreche ein bisschen Englisch.
el inglés	das Englisch, die englische Sprache	
estudiar	lernen	🇬🇧 to study
el instituto *(col.: el insti)*	das Gymnasium	
bueno	na gut	
la familia	die Familie	
¿dónde?	wo?	¿**Dónde** quedamos? Wo treffen wir uns?
el centro comercial	das Einkaufszentrum	Quedamos en el **centro comercial**. Wir treffen uns im Einkaufszentrum.
el centro	das Zentrum	
la plaza mayor	der Hauptplatz	
la plaza	der Platz	
pasear al perro	Gassi gehen	**Paseo al perro** en el parque. Ich gehe mit dem Hund im Park Gassi.
comprar	kaufen	**Compramos** un helado en la playa. Wir kaufen ein Eis am Strand.
llevar a alg.	jdn. mitbringen	**Llevo a** Copito. Ich bringe Copito mit.
claro	klar	
B8 el mensaje	die Nachricht	🇬🇧 message
B9 entre idiomas	zwischen Sprachen	

Unidad 3: **En mi barrio**

i el polideportivo	das Sportzentrum	👥 el deporte
la biblioteca	die Bibliothek	
el supermercado	der Supermarkt	
la peluquería	der Friseursalon	
la cafetería	das Café	Hoy quedamos en la **cafetería**. Heute treffen wir uns im Café.
la panadería	die Bäckerei	
el quiosco	der Kiosk	Compro un helado en el **quiosco**. Ich kaufe ein Eis im Kiosk.

Vocabulario

	hay	es gibt, es ist/sind	**Hay** un quiosco en el pueblo. Es gibt einen Kiosk im Dorf.
	el pueblo	das Dorf	≠ la ciudad
A1	presentar algo	etw. präsentieren, etw. vorstellen	🇬🇧 to present
	el piso	die Wohnung	Mi **piso** está en el centro. Meine Wohnung ist im Zentrum.
	estar *(irr.)*	sein, sich befinden	**Estoy** bien. Mir geht es gut.
	la calle	die Straße	
	la tienda	das Geschäft, der Laden	En el barrio hay **tiendas** y **museos**. Im Viertel gibt es Geschäfte und Museen.
	el museo	das Museum	
	la heladería	das Eiscafé	👥 el helado
	a veces	manchmal	
	el mercado	der Markt	En el barrio hay dos **mercados**. Im Viertel gibt es zwei Märkte.
	tomar algo	etw. trinken, etw. zu sich nehmen	¿**Tomamos algo** en la cafetería? Trinken wir etwas im Café?
	el refresco	das Erfrischungsgetränk	¿Compramos un **refresco**? Kaufen wir ein Erfrischungsgetränk?
	el teatro	das Theater	
	además	außerdem	
	allí	dort, da	Quedamos **allí**, en la cafetería. Wir treffen uns dort, im Café.
	siempre	immer	
	el/la turista	der/die Tourist/in	Los **turistas sacan fotos**. Die Touristen machen Fotos.
	sacar una foto	ein Foto machen	
	la foto	das Foto	
	algo	etwas	
	el mercadillo	der Flohmarkt	👥 el mercado
	buscar algo	etw. suchen	**Busco** un **libro** para mi padre. Ich suche ein Buch für meinen Vater.
	el libro	das Buch	
	o	oder	**Achtung: o** wird vor **(h)o** zu **u**: Chile **u** Honduras
	la ropa	die Kleidung	La **ropa** de mi amiga es genial. Die Kleidung meiner Freundin ist genial.
A2	todavía	(immer) noch	¿Estás **todavía** en el parque? Bist du noch im Park?

Vocabulario

A3	delante de	vor	
	detrás de	hinter	≠ delante de
	enfrente de	gegenüber	🇬🇧 in front of
	entre	zwischen	
	al lado de	neben	El mercado está **al lado del** parque. Der Markt ist neben dem Park.
	a la derecha (de)	rechts (von)	
	a la izquierda (de)	links (von)	≠ a la derecha de
	debajo de	unter	
	encima de	auf, über	≠ debajo de
B1	la clase	die Klasse, der Klassenraum, der Unterricht	🇬🇧 class
	la ventana	das Fenster	
	digital	digital	
	la tableta	das Tablet	Tenemos una **tableta** en casa. Wir haben ein Tablet zu Hause.
	el/la profesor/a *(col.: el/la profe)*	der/die Lehrer/in	El **profesor** habla con la **alumna**. Der Lehrer spricht mit der Schülerin.
	el/la alumno/-a	der/die Schüler/in	

En clase: *Diese Wörter kannst du zusätzlich lernen.

- el bolígrafo, el boli
- la calculadora*
- la carpeta
- el cuaderno
- el estuche
- el lápiz
- el libro
- el mapa*
- la mesa
- la mochila
- la papelera
- la pizarra
- la pluma*
- la silla
- la tiza*

B5	el aula	das Klassenzimmer	Achtung: **las** aulas *(pl.)*
	leer	lesen	Hoy **leemos** un **texto** en clase. Heute lesen wir einen Text im Unterricht.
	el texto	der Text	
	Historia	der Geschichtsunterricht	🇬🇧 history

Vocabulario

escribir	schreiben	Lucía **escribe** en el **móvil**.
		Lucía schreibt auf dem Handy.
el móvil	das Handy	🇬🇧 mobile
comer	essen	Raúl **come** un **bocadillo**.
		Raúl isst ein belegtes Brötchen.
el bocadillo	das belegte Brötchen	
abrir	aufmachen, öffnen	Omar **abre** la **puerta**.
		Omar öffnet die Tür.
la puerta	die Tür	
entrar	eintreten, hereinkommen	🇬🇧 entrance
¿por qué?	warum?	**¿Por qué respondes** en alemán?
		Warum antwortest du auf Deutsch?
responder	antworten	
durante	während	**Durante** el **recreo** estoy en el **patio**.
		Während der Pause bin ich auf dem Schulhof.
el recreo	die (Schul)pause	
el patio	der Schulhof, der Pausenhof	
Perdón.	Entschuldigung.	
primero	zuerst	**Primero** leo el texto y luego escribo el mensaje.
		Zuerst lese ich den Text und dann schreibe ich die Nachricht.
los deberes *m. pl.*	die Hausaufgaben	No tengo los **deberes**.
		Ich habe die Hausaufgaben nicht.
necesitar algo	etw. brauchen	**¿Necesitas** el libro?
		Brauchst du das Buch?
es que	es ist so, dass …	
pues	dann, also	= entonces
compartir	teilen	Omar **comparte** el libro con Raúl.
		Omar teilt das Buch mit Raúl.
la página	die Seite	🇬🇧 page
ya está bien	es reicht jetzt	
la pregunta	die Frage	Tengo una **pregunta**.
		Ich habe eine Frage.
el examen	die Prüfung, die Klassenarbeit	Achtung: los ex**á**menes *(pl.)*
comprender	verstehen	No **comprendo** la pregunta.
		Ich verstehe die Frage nicht.
la semana (que viene)	die (nächste / kommende) Woche	
B9 **el horario**	der Stundenplan	Escribo el **horario** en la pizarra.
		Ich schreibe den Stundenplan an die Tafel.

Vocabulario

Los días de la semana:
el **lunes** (am) Montag • el **martes** (am) Dienstag •
el **miércoles** (am) Mittwoch • el **jueves** (am) Donnerstag •
el **viernes** (am) Freitag • el **sábado** (am) Samstag •
el **domingo** (am) Sonntag

Los lunes tengo clase de Inglés.
→ immer montags, jeden Montag
El lunes tengo clase de Inglés.
→ am (kommenden) Montag

la asignatura	das Unterrichtsfach	
a la semana	pro Woche	
el día	der Tag	Una semana tiene siete **días**. Eine Woche hat sieben Tage.
al día	pro Tag	
la hora	die Stunde, die Uhrzeit	🇬🇧 hour
la asignatura favorita	das Lieblingsfach	

Unidad 4: Mi gente

i	la gente	die Leute	La **gente** es maja. Die Leute sind nett.
	el/la abuelo/-a	der Opa, die Oma	Mi **abuela** es de España. Meine Oma ist aus Spanien.
	los abuelos *pl.*	die Großeltern	
	el/la tío/-a	der Onkel, die Tante	¿Cómo se llama tu **tío**? Wie heißt dein Onkel?
	el grupo	die Gruppe	
	¿quién/es?	wer?	¿**Quién** es tu tía? Wer ist deine Tante?
	el/la hijo/-a	der Sohn, die Tochter	Yolanda es la **hija** de Rosario. Yolanda ist die Tochter von Rosario.
	el/la medio/-a hermano/-a	der Halbbruder, die Halbschwester	Mi **media hermana** se llama Ana. Meine Halbschwester heißt Ana.
	la madrastra	die Stiefmutter	👪 la madre
	el padrastro	der Stiefvater	👪 el padre
	la pareja	der/die Partner/in	Él es la **pareja** de mi padre. Er ist der Partner von meinem Vater.
	el/la novio/-a	der/die feste Freund/in	
A1	el chat	der Chat	
	aquí	hier	≠ allí
	fácil	leicht, einfach	Los exámenes son **fáciles**. Die Prüfungen sind leicht.
	porque	weil	
	nuevo/-a	neu	El libro es **nuevo**. Das Buch ist neu.
	diferente	verschieden	🇬🇧 different
	simpático/-a	sympathisch	Miguel es **simpático**. Miguel ist sympathisch.
	rubio/-a	blond	Lucía es **rubia**. Lucía ist blond.

ciento sesenta y siete **167**

Vocabulario

creativo/-a	kreativ	🇬🇧 creative	
el pelo	das Haar	Raúl tiene el **pelo castaño**.	
		Raúl hat kastanienbraune Haare.	
castaño/-a	kastanienbraun		
la camiseta	das T-Shirt		
rojo/-a	rot		
pesado/-a	nervig	¡Eres **pesado**! Du bist nervig!	
negro/-a	schwarz		
la persona	die Person	Tito es una **persona activa**.	
		Tito ist eine aktive Person.	
activo/-a	aktiv		
gracioso/-a	lustig, witzig	Omar es **gracioso**. Omar ist lustig.	
¡Qué (+ *adj./adv./sust.*)!	Wie ...! Was für ein(e) ...!	¡**Qué** gracioso! Wie lustig!	
chévere *(Lat.)*	klasse, super *(ugs.)*	= genial	
mira	guck mal	**Mira**, tengo una foto.	
		Guck mal, ich habe ein Foto.	
ir a *(irr.)*	gehen, fahren	**Voy al** parque. Ich gehe in den Park.	
a	nach, zu, in		
el estadio	das Stadion		
el fútbol	der Fußball	🇬🇧 football	
grande	groß	El **estadio** de **fútbol** es **grande**.	
		Das Fußballstadion ist groß.	
la mujer	die Frau	La **mujer** es mi madre.	
		Die Frau ist meine Mutter.	
alto/-a	hoch, groß		
estricto/-a	streng	🇬🇧 strict	
el hombre	der Mann, der Mensch	El **hombre** es mi profe.	
		Der Mann ist mein Lehrer.	
bajo/-a	niedrig, klein	≠ alto/-a	
inteligente	intelligent		
tranquilo/-a	ruhig	Yolanda es una chica **tranquila**.	
		Yolanda ist ein ruhiges Mädchen.	
difícil	schwer, schwierig	≠ fácil	
interesante	interessant		
favorito/-a	Lieblings-	🇬🇧 favourite	
la piscina	das Schwimmbad		
moderno/-a	modern		
bonito/-a	schön	La foto es **bonita**.	
		Das Foto ist schön.	
el plan	der Plan		
Colombia	Kolumbien		
chatear	chatten	el chat	
otra vez	noch (ein)mal		

Vocabulario

	el cumpleaños *(col.: el cumple)*	der Geburtstag	Mi **cumpleaños** es mañana. Mein Geburtstag ist morgen.
	el beso	der Kuss	
A5	guapo/-a	hübsch	La chica es muy **guapa**. Das Mädchen ist sehr hübsch.
	pelirrojo/-a	rothaarig	Henry es **pelirrojo**. Henry ist rothaarig.
	largo/-a	lang	
	corto/-a	kurz	≠ largo/-a
	liso/-a	glatt	Lucía tiene el pelo **liso**. Lucía hat glattes Haar.
	rizado/-a	lockig, gelockt	≠ liso/-a
	el ojo	das Auge	Tengo los **ojos azules**. Ich habe blaue Augen.
	azul	blau	
	verde	grün	Tu camiseta es **verde**. Dein T-Shirt ist grün.
	marrón	braun	
	gris	grau	
	llevar	tragen	¿**Llevas gafas**? Trägst du eine Brille?
	las gafas *(pl.)*	die Brille	
	el aparato de dientes	die Zahnspange	
A8	la estrella	der Star, der Stern	
A9	¿adónde?	wohin?	¿**Adónde** vas? Wohin gehst du?

B1   Los determinantes posesivos

mi(s)	mein/e	**tu(s)**	dein/e	**su(s)**	sein/e, ihr/e *(sg.)*
nuestro(s)/-a(s)	unser/e	**vuestro(s)/-a(s)**	euer/eure	**su(s)**	ihr/e *(pl.)*

cantar	singen	
la tarta	die Torte	
el/la compañero/-a	der/die Mitschüler/in, der Kumpel	Yolanda es la **compañera** nueva. Yolanda ist die neue Mitschülerin.
vivir	leben, wohnen	**Vivo** en Berlín. Ich wohne in Berlin.
¡Feliz cumpleaños!	Alles Gute zum Geburtstag!	
este/-a es...	das ist ...	**Esta es** Juana. Das ist Juana.
¡Qué va!	Ganz und gar nicht!	
majo/-a	nett, sympathisch	= simpático/-a
el plato	der Teller	🇬🇧 plate
el trozo	das Stück	
pequeño/-a	klein	≠ grande
el regalo	das Geschenk	El **regalo** es **para ti**. Das Geschenk ist für dich.

ciento sesenta y nueve **169**

Vocabulario

	para ti	für dich	
	la piñata	die Piñata	
	guay *(col.)*	klasse, cool *(ugs.)*	Ir a la playa es **guay**. An den Strand zu gehen ist cool.
	Lo siento.	Es tut mir leid.	
	la verdad	die Wahrheit	
	la broma	der Witz, der Spaß, der Scherz	Es una **broma**. Es ist ein Witz.
	la chuchería	die Süßigkeit	
	¡Muchas gracias!	Vielen Dank!	gracias
	chulo/-a *(col.)*	cool *(ugs.)*	La camiseta es **chula**. Das T-Shirt ist cool.
	la vergüenza	das Schamgefühl, die Peinlichkeit	
B2	celebrar	feiern	🇬🇧 to celebrate
B7	el número de teléfono	die Telefonnummer	el número
B8	¿cuánto/-a?	wie viel/e?	¿**Cuántos** libros tienes? Wie viele Bücher hast du?

Unidad 5: **Nuestro tiempo libre**

i	el tiempo libre	die Freizeit	el tiempo
	nadar	schwimmen	
	jugar a algo (u → ue)	etw. spielen *(Spiel, Sport)*	Los lunes **juego al** fútbol. Montags spiele ich Fußball.
	tocar	spielen *(Instrument)*	Yolanda **toca el piano**. Yolanda spielt Klavier.
	el piano	das Klavier	
	ir de compras *(irr.)*	shoppen, einkaufen gehen	El sábado **voy de compras**. Am Samstag gehe ich shoppen.
	bailar	tanzen	
	escuchar algo	etw. hören	¿**Escuchas** música? Hörst du Musik?
	el videojuego	das Videospiel	el juego
	montar a caballo	reiten	el caballo
	ver algo *(irr.)*	etw. (an)sehen	Hoy **veo** mi **serie** favorita. Heute sehe ich meine Lieblingsserie.
	la serie	die Serie	
	gustar *(+ sustantivo / infinitivo)*	gefallen, mögen, gerne tun	
	te gusta/n	dir gefällt/gefallen	¿**Te gustan** los caballos? Gefallen dir Pferde?
	a mí	mir	**A mí me gusta** el libro. Mir gefällt das Buch.
	me gusta/n	mir gefällt/gefallen	
	a ti	dir	

Vocabulario

A1	participar en algo	an etw. teilnehmen	🇬🇧 to participate
	el intercambio	der Austausch	Tom participa en un **intercambio**.
			Tom nimmt an einem Austausch teil.
	Alemania	Deutschland	Vivo en **Alemania**.
			Ich lebe in Deutschland.
	el perfil	der Steckbrief	🇬🇧 profile
	el festival	das Festival	
	famoso/-a	berühmt	🇬🇧 famous
	la batería	das Schlagzeug	Me gusta tocar la **batería**.
			Ich spiele gern Schlagzeug.
	después de *(+ sustantivo)*	nach *(+ Substantiv)*	**Después del** insti voy a la piscina.
			Nach der Schule gehe ich ins Schwimmbad.
	hacer *(irr.)*	machen, tun	Yo **hago** los deberes.
			Ich mache die Hausaufgaben.
	el instrumento	das (Musik)instrument	
	el nombre	der Name	Mi **nombre** es Juan.
			Mein Name ist Juan.
	un montón de	ein Haufen von, unheimlich viel/e	Tengo **un montón de** ropa.
			Ich habe unendlich viel Kleidung.
	la cosa	die Sache, der Gegenstand, das Ding	
	el/la fan	der Fan	Soy **fan** del Real Madrid.
			Ich bin Fan von Real Madrid.
	el fin de semana	das Wochenende	👥 la semana
	la afición	das Hobby	Achtung: las afici**o**nes *(pl.)*
	el animal	das Tier	🇬🇧 animal
	tener alergia a *(irr.)*	eine Allergie haben	
	Informática	Informatik(unterricht)	
	programar	programmieren	**Programamos** juegos.
			Wir programmieren Spiele.
	¡Mola mucho!	Das ist echt cool!	= ¡Es guay!
	el/la futbolista	der/die Fußballer/in	👥 el fútbol
	el equipo	das Team, die Mannschaft	Es un **equipo** simpático.
			Es ist ein sympathisches Team.
	le gusta/n	ihm/ihr gefällt/gefallen	A Raúl **le gusta** el intercambio.
			Raúl gefällt der Austausch.
	normalmente	normalerweise	
	la consola	die Spielekonsole	
	el programa	das Programm	👥 programar
A4	a mí también	mir auch, ich auch	
	a mí tampoco	mir auch nicht, ich auch nicht	≠ a mí también
	tampoco	auch nicht	≠ también
	a mí no	mir nicht, ich nicht	
	a mí sí	mir schon, ich schon	
A6	la encuesta	die Befragung, die Umfrage	Hacemos una **encuesta**.
			Wir machen eine Umfrage.

ciento setenta y uno **171**

Vocabulario

B1	poder (o → ue)	können, dürfen	No **puedo** ir a tu fiesta. Ich kann nicht zu deiner Party gehen.
	tener que hacer algo *(irr.)*	etw. machen müssen	🇬🇧 to have to do sth.
	ordenar	aufräumen	
	la habitación	das Zimmer	**Achtung:** las habitaci**o**nes *(pl.)*
	querer (e → ie)	wollen	¿**Quieres** ir al cine? Willst du ins Kino gehen?
	mirar algo	etw. (an)sehen, (an)schauen	
	el cómic	der Comic	
	conmigo	mit mir, bei mir	con
	¿A qué hora?	Um wie viel Uhr?	
B2	¿Qué hora es?	Wie spät ist es?	
	y cuarto	Viertel nach *(Uhrzeit)*	13:15 Es la una **y cuarto**.
	y media	halb *(Uhrzeit)*	16:30 Son las cuatro **y media**.
	menos cuarto	Viertel vor *(Uhrzeit)*	12:45 Es la una **menos cuarto**.

B5 La ropa: *Diese Wörter kannst du zusätzlich lernen.

la blusa* — la bota* — la camisa* — **la camiseta** — **la chaqueta** — el cinturón* — **la falda** — **la gorra**

el jersey — **el pantalón** — **la sudadera** — **los vaqueros** — **el vestido** — **la zapatilla** — **el zapato**

B7	la maleta	der Koffer	
B9	la excursión	der Ausflug	🇬🇧 excursion
	el aeropuerto	der Flughafen	🇬🇧 airport

Unidad 6: **Mis planes para el verano**

i	el parque de atracciones	der Vergnügungspark	
	la granja	der Bauernhof	En la **granja** hay caballos. Auf dem Bauernhof gibt es Pferde.
	el campamento	das (Ferien)lager	🇬🇧 camp
	el mar	das Meer, die See	Me gusta el **mar** Caribe. Ich mag das Karibische Meer.
	el mar Caribe	das Karibische Meer	
	el monumento	die Sehenswürdigkeit, das Denkmal	🇬🇧 monument

Vocabulario

el parque nacional	der Nationalpark	
la isla	die Insel	🇬🇧 island
el lugar	der Ort, der Platz	Mi **lugar** favorito es mi habitación. Mein Lieblingsort ist mein Zimmer.

Los medios de transporte:

el autobús	el avión	el barco	la bicicleta (bici)	el coche	el metro	el tren

A1	**último/-a**	letzte(r, s)	Este es el **último** avión de hoy. Das ist das letzte Flugzeug für heute.
	antes de *(+ sustantivo)*	vor *(+ Substantiv, temporal)*	**Antes de** las vacaciones tengo que hacer tres exámenes. Vor den Ferien muss ich drei Prüfungen schreiben.
	ya	schon	Mi primo **ya** tiene 32 años. Mein Cousin ist schon 32 Jahre alt.
	empezar (e → ie)	anfangen, beginnen	Mañana **empiezan** las vacaciones. Morgen fangen die Ferien an.
	¡Hala! *(col.)*	(Ach) du meine Güte! Wow!	
	¡Qué pasada! *(col.)*	Na so was! Wow!	
	volar (o → ue)	fliegen	En las vacaciones **vuelo** a Ibiza. In den Ferien fliege ich nach Ibiza.
	casi	fast, beinahe	
	el invierno	der Winter	≠ el verano
	el frío	die Kälte	
	Hace frío.	Es ist kalt.	
	llover (o → ue)	regnen	Hoy **llueve**. Heute regnet es.
	bastante	ziemlich (viel)	Eres **bastante** gracioso. Du bist ziemlich lustig.
	viajar	reisen	**Viajamos** a Madrid. Wir reisen nach Madrid.
	por	entlang	
	la costa	die Küste	🇬🇧 coast
	la autocaravana	das Wohnmobil	
	hacer senderismo *(irr.)*	wandern	👥 hacer
	visitar algo	etw. besichtigen	🇬🇧 to visit
	el curso	der Kurs	Quiero hacer un **curso** de **surf**. Ich möchte einen Surfkurs machen.
	el surf	das Surfing	
	el planazo *(col.)*	der coole Plan	👥 el plan
	después	danach	= luego

ciento setenta y tres **173**

Vocabulario

	que *(pronombre relativo)*	der/die/das *(Relativpronomen)*	Es el libro **que** le gusta a Raúl. Das ist das Buch, das Raúl gefällt.
	al final	schließlich, am Ende	
	la escuela	die Schule	
	dormir (o → ue)	schlafen	Mi prima **duerme** en mi habitación. Meine Cousine schläft in meinem Zimmer.
	la tienda de campaña	das Zelt	👥 la tienda
	disfrutar (de)	genießen	**Disfruto de** ir a pie. Ich genieße es, zu Fuß zu gehen.
	ir en... *(irr.)*	mit dem/der ... fahren	**Voy en** bici a la escuela. Ich fahre mit dem Rad zur Schule.
	ir a pie *(irr.)*	zu Fuß gehen	
	el agua *(f.)*	das Wasser	
	el pato	die Ente	
	el calor	die Wärme, die Hitze	≠ el frío
	Hace calor.	Es ist warm/heiß.	≠ Hace frío.
B1	**la siesta**	die Mittagsruhe, der Mittagsschlaf	
	el chocolate	die Schokolade	
	hasta	bis (zu)	👥 ¡Hasta mañana!
	aburrido/-a	langweilig	≠ interesante
	el rollo *(col.)*	die langweilige Sache	Comer con la familia es un **rollo**. Mit der Familie zu essen ist eine langweilige Sache.
B2	**desde**	von, aus	**desde** las dos hasta las tres von zwei bis drei Uhr
	el tiempo	das Wetter	
	Hace sol.	Es ist sonnig. Die Sonne scheint.	👥 el sol
	mucho/-a	viel, viele	Aquí hay **muchos** turistas. Hier gibt es viele Touristen.
	para *(+ infinitivo)*	um zu *(+ Infinitiv)*	Voy a la biblioteca **para estudiar**. Ich gehe in die Bibliothek, um zu lernen.
	¿Verdad?	Stimmt's? Nicht wahr?	
	poco/-a	wenig, wenige	≠ mucho/-a
	el pijama	der Schlafanzug	
	el camping	der Campingplatz	El **camping** es muy grande. Der Campingplatz ist sehr groß.
	la edad	das Alter	
	la zona	die Zone, das Gebiet	
	perfecto/-a	perfekt	

Vocabulario

hacer surf *(irr.)*	surfen	
la ola	die Welle	La **ola** es perfecta. Die Welle ist perfekt.
el viento **Hace viento.**	der Wind Es ist windig.	
enseñar algo	etw. zeigen, vorführen	
mandar	schicken	Clara siempre **manda** vídeos. Clara schickt immer Videos.
la idea	die Idee	🇬🇧 idea
hacer la maleta *(irr.)*	(den Koffer) packen	**Hago la maleta** y, después, vamos al aeropuerto. Ich packe den Koffer und danach fahren wir zum Flughafen.
B4 **la lluvia**	der Regen	llover
Hace ... grados.	Es sind ... Grad.	
bajo cero	unter Null	bajo/-a
Está nublado.	Es ist bewölkt.	
nevar (e → ie)	schneien	Hoy **nieva**. Heute schneit es.

Minidiccionario

Minidiccionario español – alemán

Das **Minidiccionario** enthält in alphabetischer Reihenfolge die Wörter und Ausdrücke aus *¿Qué pasa?* 1 mit Ausnahme der fakultativen Seiten. Fakultative Vokabeln werden nur in der spanisch-deutschen Liste aufgeführt. Der Eintrag hinter der Vokabel gibt die Stelle an, an der das Wort zum ersten Mal vorkommt (zum Beispiel U1/i = **Unidad** 1, **introducción**, oder U6/B2 = **Unidad** 6, **Parte** B/Übung 2). Zur Erklärung der weiteren Auszeichnungen und Abkürzungen siehe Seite 158.

A
a nach, zu, in U4/A1
a descubrir zum Entdecken U1/A4
a la derecha rechts U3/A3
a la izquierda links U3/A3
a mí mir U5/i
¿A qué hora? Um wie viel Uhr? U5/B1
a ti dir U5/i
a veces manchmal U3/A1
abrir aufmachen, öffnen U3/B5
abuelo/-a *m./f.* Opa *m.*, Oma *f.* U4/i
abuelos *m. pl.* Großeltern *pl.* U4/i
aburrido/-a langweilig U6/B1
activo/-a aktiv U4/A1
además außerdem U3/A1
¡Adiós! Tschüss! U1/i
¿adónde? wohin? U4/A9
aeropuerto *m.* Flughafen *m.* U5/B9
afición *f.* Hobby *nt.* U5/A1
agua *f.* Wasser *nt.* U6/A1
ahora jetzt U2/A1
al final schließlich, am Ende U6/A1
al lado de neben U3/A3
alemán *m.* Deutsch *nt.*, deutsche Sprache *f.* U1/A8
Alemania Deutschland U5/A1
alfabeto *m.* Alphabet *nt.* U1/B6
algo etwas U3/A1
alto/-a hoch, groß U4/A1
alumno/-a *m./f.* Schüler/in *m./f.* U3/B1
allí dort, da U3/A1
amigo/-a *m./f.* Freund/in *m./f.* U1/i; **mejor amigo/-a** *m./f.* beste/r Freund/in *m./f.* U2/i
animal *m.* Tier *nt.* U5/A1
antes de *(+ sust.)* vor *(+ Subst., temporal)* U6/A1
año *m.* Jahr *nt.* U2/A1
aparato de dientes *m.* Zahnspange *f.* U4/A5
aprender con estrategias mit Strategien lernen U1/A8
aquí hier U4/A1
así so U2/A9
así así einigermaßen U1/B4
asignatura *f.* Unterrichtsfach *nt.* U3/B9; **asignatura favorita** *f.* Lieblingsfach *nt.* U3/B9
aula *m.* Klassenzimmer *nt.* U3/B5
autobús *m.* Bus *m.* U6/i
autocaravana *f.* Wohnmobil *nt.* U6/A1
avión *m.* Flugzeug *nt.* U6/i
azul blau U4/A5

B
bailar tanzen U5/i
bajo/-a niedrig, klein U4/A1
bajo cero unter Null U6/B4
bar *m.* (Steh)café *nt.*, Bar *f.* U1/i
barco *m.* Schiff *nt.* U6/i
barrio *m.* Stadtviertel *nt.* U2/A1
bastante ziemlich (viel) U6/A1
batería *f.* Schlagzeug *nt.* U5/A1
beso *m.* Kuss *m.* U4/A1
biblioteca *f.* Bibliothek *f.* U3/i
bici(cleta) *f.* Fahrrad *nt.* U6/i
bien gut U1/B1
bocadillo *m.* belegtes Brötchen *nt.* U3/B5
boli *m. (col.)* Kuli *m. (ugs.)* U3/B1
bolígrafo *m.* Kugelschreiber *m.* U3/B1
bonito/-a schön U4/A1
broma *f.* Witz *m.*, Spaß *m.*, Scherz *m.* U4/B1
¡Buenas noches! Guten Abend!, Gute Nacht! U1/A2
¡Buenas tardes! Guten Tag!, Guten Abend! U1/A2
bueno na gut U2/B1
¡Buenos días! Guten Morgen!, Guten Tag! U1/i
buscar algo etw. suchen U3/A1

C
caballo *m.* Pferd *nt.* U2/A9
cafetería *f.* Café *nt.* U3/i
calor *m.* Wärme *f.*, Hitze *f.* U6/A1; **Hace calor.** Es ist warm/heiß. U6/A1
calle *f.* Straße *f.* U3/A1
camiseta *f.* T-Shirt *nt.* U4/A1
campamento *m.* Lager *nt.* U6/i
camping *m.* Campingplatz *m.* U6/B2
cantar singen U4/B1
carpeta *f.* Mappe *f.* U3/B1
cartel *m.* Plakat *nt.*, Schild *nt.* U1/B3
casa *f.* Haus *nt.* U2/B1; **en casa** zu Hause U2/B1
casi fast, beinahe U6/A1
castaño/-a kastanienbraun U4/A1
castellano *m.* Spanisch *nt.*, kastilisches Spanisch *nt.* U2/B1
catalán *m.* katalanische Sprache *f.*; Katalanisch *nt.* U2/B1
celebrar feiern U4/B2
centro *m.* Zentrum *nt.* U2/B1

Minidiccionario

centro comercial *m.* Einkaufszentrum *nt.* U2/B1
cerca de in der Nähe von U2/A1
chaqueta *f.* Jacke *f.* U5/B5
chat *m.* Chat *m.* U4/A1
chatear chatten U4/A1
chévere (*col. Lat.*) klasse, super (*ugs.*) U4/A1
chico/-a *m./f.* Junge *m.*, Mädchen *nt.* U1/i
chocolate *m.* Schokolade *f.* U6/B1
chuchería *f.* Süßigkeit *f.* U4/B1
chulo/-a (*col.*) cool (*ugs.*) U4/B1
cine *m.* Kino *nt.* U2/B1
ciudad *f.* Stadt *f.* U2/A1
claro klar U2/B1
clase *f.* Klasse *f.*, Klassenraum *m.*, Unterricht *m.* U3/B1
coche *m.* Auto *nt.* U6/i
Colombia Kolumbien U4/A1
comer essen U3/B5
cómic *m.* Comic *m.* U5/B1
¿cómo? wie? U1/A2
¿Cómo estás? Wie geht es dir? U1/B4
¿Cómo se escribe...? Wie schreibt man ...? U1/B7
¿Cómo te llamas? Wie heißt du? U1/A2
compañero/-a *m./f.* Mitschüler/in *m./f.*, Kumpel *m.* U4/B1
compartir teilen U3/B5
comprar kaufen U2/B1
comprender verstehen U3/B5
con mit U2/B1
conejillo de indias *m.* Meerschweinchen *nt.* U2/A9
conejo *m.* Kaninchen *nt.* U2/i
conmigo mit mir, bei mir U5/B1
consola *f.* Spielekonsole *f.* U5/A1
corto/-a kurz U4/A5
cosa *f.* Sache *f.*, Gegenstand *m.*, Ding *nt.* U5/A1
costa *f.* Küste *f.* U6/A1
creativo/-a kreativ U4/A1
cuaderno *m.* Heft *nt.* U3/B1
¿cuándo? wann? U2/B1
¿cuánto/-a? wie viel/e? U4/B8
¿Cuántos años tienes? Wie alt bist du? U2/A1
cumple(años) *m.* Geburtstag *m.* U4/A1; **¡Feliz cumpleaños!** Alles Gute zum Geburtstag! U4/B1
curso *m.* Kurs U6/A1

D

de von, aus U1/i
¿de dónde? woher? U1/A2
debajo de unter U3/A3
deberes *m. pl.* Hausaufgaben *f.* U3/B5
delante de vor U3/A3
deporte *m.* Sport *m.* U1/i
desde von, aus U6/B2
después danach U6/A1
después de (+ *sust.*) nach (+ *Subst.*) U5/A1
detrás de hinter U3/A3
día *m.* Tag *m.* U3/B9; **al día** pro Tag U3/B9; **¡Buenos días!** Guten Morgen!, Guten Tag! U1/i
diferente verschieden U4/A1
difícil schwer, schwierig U4/A1
digital digital U3/B1
disfrutar (de) genießen U6/A1
domingo *m.* Sonntag *m.* U3/B9
¿dónde? wo? U2/B1
dormir (o → ue) schlafen U6/A1
durante während U3/B5

E

edad *f.* Alter *nt.* U6/B2
él er U1/i
ella sie (*sg.*) U1/i
ellos/ellas sie (*pl.*) U1/A3
empezar (e → ie) anfangen, beginnen U6/A1
en in, auf, an U1/i
en casa zu Hause U2/B1
encima de auf, über U3/A3
encuesta *f.* Befragung *f.*, Umfrage *f.* U5/A6
enfrente de gegenüber U3/A3
enseñar algo etw. zeigen, vorführen U6/B2
entonces also, dann U2/B1
entrar eintreten, hereinkommen U3/B5
entre zwischen U3/A3
entre idiomas zwischen Sprachen U2/B9
equipo *m.* Team *nt.*, Mannschaft *f.* U5/A1
es que es ist so, dass U3/B5
escribir schreiben U3/B5
escuchar hören U5/i
escuela *f.* Schule *f.* U6/A1
espacio cultural *m.* kultureller Raum *m.* U1/A1
español *m.* Spanisch *nt.*, spanische Sprache *f.* U2/B1
estación *f.* Bahnhof *m.* U2/A5
estadio *m.* Stadion *nt.* U4/A1
estar (*irr.*) sein, sich befinden U3/A1
este/-a es das ist U4/B1
estrella *f.* Star *m.*, Stern *m.* U4/A8
estricto/-a streng U4/A1
estuche *m.* Etui *nt.*, Federmäppchen *nt.* U3/B1
estudiar lernen U2/B1
examen *m.* Prüfung *f.*, Klassenarbeit *f.* U3/B5
excursión *f.* Ausflug *m.* U5/B9

F

fácil leicht, einfach U4/A1
falda *f.* Rock *m.* U5/B5
familia *f.* Familie *f.* U2/B1
famoso/-a berühmt U5/A1
fan *m./f.* Fan *m.* U5/A1
fatal (*col.*) übel, mies U1/B4
favorito/-a Lieblings- U4/A1
¡Feliz cumpleaños! Alles Gute zum Geburtstag! U4/B1
festival *m.* Festival *nt.* U5/A1
fiesta *f.* Fest *nt.*, Party *f.* U1/i
fin de semana *m.* Wochenende *nt.* U5/A1

Minidiccionario

foto *f.* Foto *nt.* U3/A1; **sacar una foto** ein Foto machen U3/A1
frío *m.* Kälte *f.* U6/A1; **Hace frío.** Es ist kalt. U6/A1
fútbol *m.* Fußball *m.* U4/A1
futbolista *m./f.* Fußballer/in *m./f.* U5/A1

G

gafas *f. pl.* Brille *f.* U4/A5
gato *m.* Katze *f.* U2/A9
genial genial U1/i
gente *f.* Leute *f.* U4/i
gorra *f.* Schirmmütze *f.* U5/B5
grabar aufnehmen U2/B1
gracias danke U1/B1; **¡Muchas gracias!** Vielen Dank! U4/B1
gracioso/-a lustig, witzig U4/A1
Hace ... grados. Es sind ... Grad. U6/B4
grande groß U4/A1
granja *f.* Bauernhof *m.* U6/i
gris grau U4/A5
grupo *m.* Gruppe *f.* U4/i
guapo/-a hübsch U4/A5
guay *(col.)* klasse, cool *(ugs.)* U4/B1
gustar *(+ sust./inf.)* gefallen, mögen, gerne tun U5/i; **le gusta/n** ihm/ihr gefällt/gefallen U5/A1; **me gusta/n** mir gefällt/gefallen U5/i; **te gusta/n** dir gefällt/gefallen U5/i

H

habitación *f.* Zimmer *nt.* U5/B1
hablar (de) sprechen, reden (über) U2/B1
hacer *(irr.)* machen, tun U5/A1
hacer la maleta *(irr.)* (den Koffer) packen U6/B2
hacer senderismo *(irr.)* wandern U6/A1
hacer surf *(irr.)* surfen U6/B2
¡Hala! *(col.)* (Ach) du meine Güte!, Wow! U6/A1
hámster *m.* Hamster *m.* U2/A1
hasta bis (zu) U6/B1

¡Hasta luego! Bis später!, Tschüss! U1/i
¡Hasta mañana! Bis morgen! U1/A2
hay es gibt, es ist/sind U3/i
heladería *f.* Eiscafé *nt.* U3/A1
helado *m.* (Speise)eis *nt.*, Eiscreme *f.* U1/i
hermano/-a *m./f.* Bruder *m.*, Schwester *f.* U1/i
hermanos *m. pl.* Geschwister *pl.* U2/A1
hijo/-a *m./f.* Sohn *m.*, Tochter *f.* U4/i
Historia *f.* Geschichtsunterricht U3/B5
¡Hola! Hallo! U1/i
hombre *m.* Mann *m.*, Mensch *m.* U4/A1
hora *f.* Stunde *f.*, Uhrzeit *f.* U3/B9; **¿A qué hora?** Um wie viel Uhr? U5/B1; **¿Qué hora es?** Wie spät ist es? U5/B2
horario *m.* Stundenplan *m.* U3/B9
horrible schrecklich U1/i
hotel *m.* Hotel *nt.* U1/i
hoy heute U1/B1

I

idea *f.* Idee *f.* U6/B2
Informática Informatik(unterricht) U5/A1
inglés *m.* Englisch *nt.*, englische Sprache *f.* U2/B1
insti(tuto) *m.* Gymnasium *nt.* U2/B1
instrumento *m.* (Musik)instrument *nt.* U5/A1
inteligente intelligent U4/A1
intercambio *m.* Austausch *m.* U5/A1
interesante interessant U4/A1
invierno *m.* Winter *m.* U6/A1
ir a *(irr.)* gehen, fahren U4/A1
ir a pie *(irr.)* zu Fuß gehen U6/A1
ir de compras *(irr.)* shoppen, einkaufen gehen U5/i

ir en... *(irr.)* mit dem/der ... fahren U6/A1
isla *f.* Insel *f.* U6/i

J

jersey *m.* Pullover *m.* U5/B5
juego *m.* Spiel *nt.* U1/i
jueves *m.* Donnerstag *m.* U3/B9
jugar a algo (u → ue) etw. spielen *(Spiel, Sport)* U5/i

L

lápiz *m.* Stift *m.* U3/B1
largo/-a lang U4/A5
leer lesen U3/B5
libro *m.* Buch *nt.* U3/A1
liso/-a glatt U4/A5
me llamo ich heiße U1/i
se llama er/sie/es heißt U1/A2
te llamas du heißt U1/A2
llevar tragen U4/A5
llevar (a alg.) jdn. mitbringen U2/B1
llover (o → ue) regnen U6/A1
lluvia *f.* Regen *m.* U6/B4
Lo siento. Es tut mir leid. U4/B1
luego später, nachher, dann U2/B1; **¡Hasta luego!** Bis später!, Tschüss! U1/i
lugar *m.* Ort *m.*, Platz *m.* U6/i
lunes *m.* Montag *m.* U3/B9

M

madre *f.* Mutter *f.* U2/i
majo/-a nett, sympathisch U4/B1
mal schlecht U1/B4
maleta *f.* Koffer *m.* U5/B7
mandar schicken U6/B2
mañana morgen U1/B1; **¡Hasta mañana!** Bis morgen! U1/A2
mañana *f.* Morgen *m.*, Vormittag *m.* U2/B1; **por la mañana** morgens, vormittags U2/B1
mar *m.* Meer *nt.*, See *f.* U6/i
mar Caribe *m.* Karibisches Meer *nt.* U6/i
marrón braun U4/A5

Minidiccionario

martes *m.* Dienstag *m.* U3/B9
mascota *f.* Haustier *nt.* U2/i
medio/-a hermano/-a *m./f.* Halbbruder *m.*, Halbschwester *f.* U4/i
mejor amigo/-a *m./f.* beste/r Freund/in *m./f.* U2/i
menos cuarto Viertel vor (Uhrzeit) U5/B2
mensaje *m.* Nachricht *f.* U2/B8
mercadillo *m.* Flohmarkt *m.* U3/A1
mercado *m.* Markt *m.* U3/A1
mesa *f.* Tisch *m.* U3/B1
metro *m.* U-Bahn *f.* U6/i
mi mein/e U2/i
mis meine *(pl.)* U4/B1
miércoles *m.* Mittwoch *m.* U3/B9
mira guck mal U4/A1
mirar algo etw. (an)sehen, (an)schauen U5/B1
mochila *f.* Rucksack *m.* U3/B1
moderno/-a modern U4/A1
¡Mola mucho! Das ist echt cool! U5/A1
montaña *f.* Berg *m.*, Gebirge *nt.* U1/i
montar a caballo reiten U5/i
un montón de ein Haufen von, unheimlich viel/e U5/A1
monumento *m.* Sehenswürdigkeit *f.*, Denkmal *nt.* U6/i
móvil *m.* Handy *nt.* U3/B5
mucho/-a viel, viele U6/B2
¡Muchas gracias! Vielen Dank! U4/B1
mujer *f.* Frau *f.* U4/A1
museo *m.* Museum *nt.* U3/A1
música *f.* Musik *f.* U1/i
muy sehr U1/B1

N

nadar schwimmen U5/i
necesitar algo etw. brauchen U3/B5
negro/-a schwarz U4/A1
nevar (e → ie) schneien U6/B4
no nein, nicht, kein/e U2/A1; **a mí no** mir nicht U5/A4
noche *f.* Abend *m.*, Nacht *f.* U2/B1; **¡Buenas noches!** Guten Abend!, Gute Nacht! U1/A2; **por la noche** abends, nachts U2/B1
nombre *m.* Name *m.* U5/A1
normalmente normalerweise U5/A1
nosotros/-as wir U1/A3
novio/-a *m./f.* feste/r Freund/in *m./f.* U4/i
Está nublado. Es ist bewölkt. U6/B4
nuestro/-a unser/e U4/B1
nuevo/-a neu U4/A1
número *m.* Zahl *f.*, Nummer *f.* U2/A4; **número de teléfono** *m.* Telefonnummer *f.* U4/B7

O

o oder U3/A1
ojo *m.* Auge *nt.* U4/A5
ola *f.* Welle *f.* U6/B2
ordenar aufräumen U5/B1
otra vez noch (ein)mal U4/A1
¡Oye! Hör mal! U1/B1

P

padrastro *m.* Stiefvater *m.* U4/i
padre *m.* Vater *m.* U2/i
padres *m. pl.* Eltern *pl.* U2/i
página *f.* Seite *f.* U3/B5
palabra *f.* Wort *nt.* U1/A8
panadería *f.* Bäckerei *f.* U3/i
pantalón *m.* Hose *f.* U5/B5
papá *m.* Papa *m.* U1/i
papelera *f.* Papierkorb *m.* U3/B1
para für U1/i; **para mí** für mich U1/i; **para ti** für dich U4/B1 **para** *(+ inf.)* um zu *(+ Inf.)* U6/B2
pareja *f.* Partner/in *m./f.* U4/i
parque *m.* Park *m.* U2/A1; **parque de atracciones** *m.* Vergnügungspark *m.* U6/i; **parque nacional** *m.* Nationalpark *m.* U6/i
participar en algo an etw. teilnehmen U5/A1
pasar verbringen U2/B
pasear al perro Gassi gehen U2/B1
patio *m.* Schulhof *m.*, Pausenhof *m.* U3/B5
pato *m.* Ente *f.* U6/A1
pelirrojo/-a rothaarig U4/A5
pelo *m.* Haar *nt.* U4/A1
peluquería *f.* Friseursalon *m.* U3/i
pequeño/-a klein U4/B1
Perdón. Entschuldigung. U3/B5
perfecto/-a perfekt U6/B2
perfil *m.* Steckbrief *m.* U5/A1
periquito *m.* Wellensittich *m.* U2/A9
pero aber U1/i
perro *m.* Hund *m.* U2/A1; **pasear al perro** Gassi gehen U2/B1
persona *f.* Person *f.* U4/A1
pesado/-a nervig U4/A1
pez *m.* Fisch *m.* U2/A9
piano *m.* Klavier *nt.* U5/i
pijama *m.* Schlafanzug *m.* U6/B2
piñata *f.* Piñata *f.* U4/B1
piragua *f.* Kanu *nt.* U1/B1
piscina *f.* Schwimmbad *nt.* U4/A1
piso *m.* Wohnung *f.* U3/A1
pizarra *f.* Tafel *f.* U3/B1
plan *m.* Plan *m.* U4/A1
planazo *(col.) m.* cooler Plan *m.* U6/A1
plato *m.* Teller *m.* U4/B1
playa *f.* Strand *m.* U1/i
plaza *f.* Platz *m.* U2/B1
plaza mayor *f.* Hauptplatz *m.* U2/B1
poco/-a wenig, wenige U6/B2
un poco (de) ein bisschen (von) U2/B1
poder (o → ue) können, dürfen U5/B1
polideportivo *m.* Sportzentrum *nt.* U3/i
popular beliebt U1/B1
por entlang U6/A1
por la mañana morgens, vormittags U2/B1
por la noche abends, nachts U2/B1

Minidiccionario

por la tarde nachmittags, abends U2/B1
¿por qué? warum? U3/B5
porque weil U4/A1
pregunta *f.* Frage *f.* U3/B5
presentar algo etw. präsentieren, vorstellen U3/A1
primero zuerst U3/B5
primo/-a *m./f.* Cousin/e *m./f.* U1/i
profesor/a *(col.: profe) m./f.* Lehrer/in *m./f.* U3/B1
programa *m.* Programm *nt.* U5/A1
programar programmieren U5/A1
pueblo *m.* Dorf *nt.* U3/i
puerta *f.* Tür *f.* U3/B5
pues dann, also U3/B5

Q

que der/die/das *(Relativpronomen)* U6/A1
¿qué? was? U1/B1
¡Qué *(+ adj./adv./sust.)***!** Wie …!, Was für ein(e) …! U4/A1
¿Qué hora es? Wie spät ist es? U5/B2
¿Qué pasa? Was ist (los)? U1/B1
¡Qué pasada! *(col.)* Na so was! Wow! U6/A1
¿Qué significa…? Was bedeutet…? U1/B2
¿Qué tal? Wie geht's? U1/B1
¡Qué va! Ganz und gar nicht! U4/B1
quedar sich verabreden, treffen U2/B1
querer (e → ie) wollen U5/B1
¿quién/es? wer? U4/i (U2/A1)
quiosco *m.* Kiosk *m.* U3/i

R

recreo *m.* (Schul)pause *f.* U3/B5
refresco *m.* Erfrischungsgetränk *nt.* U3/A1
regalo *m.* Geschenk *nt.* U4/B1
regular mittelmäßig U1/B4
responder antworten U3/B5
restaurante *m.* Restaurant *nt.* U1/i
rizado/-a lockig, gelockt U4/A5

rojo/-a rot U4/A1
rollo *(col.) m.* langweilige Sache *f.* U6/B1
ropa *f.* Kleidung *f.* U3/A1
rubio/-a blond U4/A1

S

sábado *m.* Samstag *m.* U3/B9
sacar una foto ein Foto machen U3/A1
semana (que viene) *f.* (nächste / kommende) Woche *f.* U3/B5; **a la semana** pro Woche U3/B9
ser *(irr.)* sein U´/A3
serie *f.* Serie *f.* U5/i
sí ja U1/B1; **a mí sí** mir schon schon U5/A4
siempre immer U3/A1
Lo siento. Es tut mir leid. U4/B1
siesta *f.* Mittagsruhe *f.*, Mittagsschlaf *m.* U6/B1
significa er/sie/es bedeutet U1/A8
silla *f.* Stuhl *m.* U3/B1
simpático/-a sympathisch U4/A1
sol *m.* Sonne *f.* U1/i; **Hace sol.** Es ist sonnig. U6/B2
su/s sein/e, ihr/e U4/B1
sudadera *m.* Kapuzenpullover *m.* U5/B5
supermercado *m.* Supermarkt *m.* U3/i
surf *m.* Surfing *nt.* U6/A1

T

tableta *f.* Tablet *nt.* U3/B1
también auch U2/A1; **a mí también** mir auch U5/A4
tampoco auch nicht U5/A4; **a mí tampoco** mir auch nicht U5/A4
tarde *f.* Nachmittag *m.*, Abend *m.* U2/B1; **¡Buenas tardes!** Guten Tag!, Guten Abend! U1/A2; **por la tarde** nachmittags, abends U2/B1
tarta *f.* Torte *f.* U4/B1
teatro *m.* Theater *nt.* U3/A1
tener *(irr.)* haben U2/A1

tener alergia a *(irr.)* eine Allergie haben U5/A1
tener que hacer algo *(irr.)* etw. machen müssen U5/B1
texto *m.* Text *m.* U3/B5
tiempo *m.* Zeit *f.* U2/B1, Wetter *nt.* U6/B2
tiempo libre *m.* Freizeit *f.* U5/i
tienda *f.* Geschäft *nt.*, Laden *m.* U3/A1
tienda de campaña *f.* Zelt *nt.* U6/A1
tío/-a *m./f.* Onkel *m.*, Tante *f.* U4/i
tocar spielen (Instrument) U5/i
todavía (immer) noch U3/A2
tomar algo etw. trinken, zu sich nehmen U3/A1
tortuga *f.* Schildkröte *f.* U2/A9
tranquilo/-a ruhig U4/A1
tren *m.* Zug *m.* U6/i
trozo *m.* Stück *nt.* U4/B1
tú du U1/A2
tu dein/e U2/A10
tus deine *(pl.)* U4/B1
turista *m./f.* Tourist/in *m./f.* U3/A1

U

último/-a letzte(r, s) U6/A1
un/una ein/e U2/A1
un montón de ein Haufen von, unheimlich viel/e U5/A1
un poco (de) ein bisschen (von) U2/B1

V

vacaciones *f. pl.* Urlaub *m.*, Ferien *pl.* U1/i
vale einverstanden, o. k. U2/B1
vaqueros *m. pl.* Jeans *f.* U5/B5
ventana *f.* Fenster *nt.* U3/B1
ver algo *(irr.)* etw. (an)sehen U5/i
verano *m.* Sommer *m.* U1/i
verbo *m.* Verb *nt.* U1/A3
verdad *f.* Wahrheit *f.* U4/B1
¿Verdad? Stimmt's?, Nicht wahr? U6/B2
verde grün U4/A5

vergüenza *f.* Schamgefühl *nt.*, Peinlichkeit *f.* U4/B1
vestido *m.* Kleid *nt.* U5/B5
viajar reisen U6/A1
vida *f.* Leben *nt.* U2/i
vídeo *m.* Video *nt.* U2/B1
videojuego *m.* Videospiel *nt.* U5/i
viento *m.* Wind *m.* U6/B2; **Hace viento.** Es ist windig. U6/B2
viernes *m.* Freitag *m.* U3/B9
visitar algo etw. besichtigen U6/A1
vivir leben, wohnen U4/B1
volar (o → ue) fliegen U6/A1
vosotros/-as ihr U1/A3
vuestro/-a euer/eure U4/B1

Y
y und U1/i
y cuarto Viertel nach *(Uhrzeit)* U5/B2
y media halb *(Uhrzeit)* U5/B2
ya schon U6/A1
ya está bien es reicht jetzt U3/B5
yo ich U1/i

Z
zapatilla *f.* Turnschuh *m.* U5/B5
zapato *m.* Schuh *m.* U5/B5
zona *f.* Zone *f.*, Gebiet *nt.* U6/B2

Minidiccionario alemán – español

A
Abend *m.* noche *f.*, tarde *m.* U2/B1
Guten Abend! ¡Buenas noches!, ¡Buenas tardes! U1/A2
abends por la noche, por la tarde U2/B1
aber pero U1/i
aktiv activo/-a U4/A1
also entonces U2/B1, pues U3/B5
Alter *nt.* edad *f.* U6/B2
an en U1/i
anfangen empezar (e → ie) U6/A1
anschauen mirar algo U5/B1
ansehen (etw.) mirar algo U5/B1, ver algo *(irr.)* U5/i
antworten responder U3/B5
auch también U2/A1
auch nicht tampoco U5/A4
auf en U1/i, encima de U3/A3
aufmachen abrir U3/B5
aufnehmen grabar U2/B1
aufräumen ordenar U5/B1
Auge *nt.* ojo *m.* U4/A5
aus de U1/i, desde U6/B2
Ausflug *m.* excursión *f.* U5/B9
außerdem además U3/A1
Austausch *m.* intercambio *m.* U5/A1
Auto *nt.* coche *m.* U6/i

B
Bäckerei *f.* panadería *f.* U3/i
Bahnhof *m.* estación *f.* U2/A5
Bar *f.* bar *m.* U1/i
Bauernhof *m.* granja *f.* U6/i
Befragung *f.* encuesta *f.* U5/A6
sich befinden estar *(irr.)* U3/A1
beginnen empezar (e → ie) U6/A1
bei mir conmigo U5/B1
beinahe casi U6/A1
beliebt popular U1/B1
Berg *m.* montaña *f.* U1/i
berühmt famoso/-a U5/A1
besichtigen (etw.) visitar algo U6/A1
Es ist bewölkt. Está nublado. U6/B4
Bibliothek *f.* biblioteca *f.* U3/i
Bis morgen! ¡Hasta mañana! U1/A2
Bis später! ¡Hasta luego! U1/i
bis (zu) hasta U6/B1
ein bisschen un poco (de) U2/B1
blau azul U4/A5
blond rubio/-a U4/A1
brauchen (etw.) necesitar algo U3/B5
braun marrón U4/A5; **kastanienbraun** castaño/-a U4/A1
Brille *f.* gafas *f. pl.* U4/A5
belegtes Brötchen *nt.* bocadillo *m.* U3/B5
Bruder *m.* hermano *m.* U1/i
Buch *nt.* libro *m.* U3/A1
Bus *m.* autobús *m.* U6/i

C
Café *nt.* cafetería *f.* U3/i
Campingplatz *m.* camping *m.* U6/B2
Comic *m.* cómic *m.* U5/B1
cool chulo/-a *(col.)*, guay *(col.)* U4/B1
Das ist echt cool! ¡Mola mucho! U5/A1
Cousin/e *m./f.* primo/-a *m./f.* U1/i
Chat *m.* chat *m.* U4/A1
chatten chatear U4/A1

D
da allí U3/A1
danach después U6/A1
danke gracias U1/B1; **Vielen Dank!** ¡Muchas gracias! U4/B1
dann entonces, luego U2/B1, pues U3/B5
das ist ... este/-a es... U4/B1
dein/e tu U2/A10
deine *(pl.)* tus U4/B1
Denkmal *nt.* monumento *m.* U6/i
der/die/das *(Relativpronomen)* que U6/A1
Deutsch *nt.* alemán *m.* U1/A8
Deutschland Alemania U5/A1

Minidiccionario

Dienstag *m.* martes *m.* U3/B9
digital digital U3/B1
Ding *nt.* cosa *f.* U5/A1
dir a ti U5/i
Donnerstag *m.* jueves *m.* U3/B9
Dorf *nt.* pueblo *m.* U3/i
dort allí U3/A1
du tú U1/A2
dürfen poder (o → ue) U5/B1

E

ein/e *(unbest. Artikel, sg.)* un/una U2/A1
einfach fácil U4/A1
einigermaßen así así U1/B4
einkaufen gehen ir de compras *(irr.)* U5/i
Einkaufszentrum *nt.* centro comercial *m.* U2/B1
eintreten entrar U3/B5
einverstanden vale U2/B1
Eiscafé *nt.* heladería *f.* U3/A1
Eiscreme *f.* helado *m.* U1/i
Eltern *pl.* padres *m. pl.* U2/i
am Ende al final U6/A1
Englisch *nt.* inglés *m.* U2/B1
Entschuldigung. Perdón. U3/B5
er él U1/i
Erfrischungsgetränk *nt.* refresco *m.* U3/A1
es gibt hay U3/i
es ist so, dass ... es que U3/B5
Es tut mir leid. Lo siento. U4/B1
essen comer U3/B5
Etui *nt.* estuche *m.* U3/B1
etwas algo U3/A1
euer/eure vuestro/-a U4/B1

F

fahren ir a *(irr.)* U4/A1; **mit dem/der ... fahren** ir en... *(irr.)* U6/A1
Fahrrad *nt.* bicicleta *(col.: la bici) f.* U6/i
Familie *f.* familia *f.* U2/B1
Fan *m.* fan *m./f.* U5/A1
fast casi U6/A1

Federmäppchen *nt.* estuche *m.* U3/B1
feiern celebrar U4/B2
Fenster *nt.* ventana *f.* U3/B1
Ferien *pl.* vacaciones *f.pl.* U1/i
Ferienlager *nt.* campamento *m.* U6/i
Fest *nt.* fiesta *f.* U1/i
Festival *nt.* festival *m.* U5/A1
Fisch *m.* pez *m.* U2/A9
fliegen volar (o → ue) U6/A1
Flohmarkt *m.* mercadillo *m.* U3/A1
Flughafen *m.* aeropuerto *m.* U5/B9
Flugzeug *nt.* avión *m.* U6/i
Foto *nt.* foto *f.* U3/A1; **ein Foto machen** sacar una foto U3/A1
Frage *f.* pregunta *f.* U3/B5
Frau *f.* mujer *f.* U4/A1
Freitag *m.* viernes *m.* U3/B9
Freizeit *f.* tiempo libre *m.* U5/i
Freund/in *m./f.* amigo/-a *m./f.* U1/i; **beste/r Freund/in** *m./f.* mejor amigo/-a *m./f.* U2/i; **feste/r Freund/in** *m./f.* novio/-a *m./f.* U4/i
Friseursalon *m.* peluquería *f.* U3/i
für para U1/i; **für dich** para ti U4/B1; **für mich** para mí U1/i
zu Fuß gehen ir a pie *(irr.)* U6/A1
Fußball *m.* fútbol *m.* U4/A1
Fußballer/in *m./f.* futbolista *m./f.* U5/A1

G

Gassi gehen pasear al perro U2/B1
Gebiet *nt.* zona *f.* U6/B2
Gebirge *nt.* montaña *f.* U1/i
Geburtstag *m.* cumpleaños *m.* U4/A1; **Alles Gute zum Geburtstag!** ¡Feliz cumpleaños! U4/B1
gefallen gustar *(+ sust./inf.)* U5/i; **dir gefällt/gefallen** te gusta/n U5/i; **ihm/ihr gefällt/gefallen** le gusta/n U5/A1; **mir gefällt/gefallen** me gusta/n U5/i
Gegenstand *m.* cosa *f.* U5/A1
gegenüber enfrente de U3/A3
gehen ir a *(irr.)* U4/A1; **einkaufen gehen** ir de compras *(irr.)* U5/i; **zu Fuß gehen** ir a pie *(irr.)* U6/A1
gelockt rizado/-a U4/A5
genial genial U1/i
genießen disfrutar (de) U6/A1
gerne tun gustar *(+ sust./inf.)* U5/i
Geschäft *nt.* tienda *f.* U3/A1
Geschenk *nt.* regalo *m.* U4/B1
Geschichtsunterricht Historia *f.* U3/B5
Geschwister *pl.* hermanos *m. pl.* U2/A1
es gibt hay U3/i
Glatt liso/-a U4/A5
Es sind ... Grad. Hace ... grados. U6/B4
grau gris U4/A5
groß grande U4/A1, alto/-a U4/A1
Großeltern *pl.* abuelos *pl.* U4/i
grün verde U4/A5
Gruppe *f.* grupo *m.* U4/i
guck mal mira U4/A1
gut bien U1/B1
Gute Nacht! ¡Buenas noches! U1/A2
Guten Abend! ¡Buenas noches!, ¡Buenas tardes! U1/A2
Guten Morgen! ¡Buenos días! U1/i
Guten Tag! ¡Buenos días! U1/i, ¡Buenas tardes! U1/A2
Gymnasium *nt.* instituto *m.* U2/B1

H

Haar *nt.* pelo *m.* U4/A1
haben tener *(irr.)* U2/A1
halb *(Uhrzeit)* y media U5/B2
Hallo! ¡Hola! U1/i
Hamster *m.* hámster *m.* U2/A1
Handy *nt.* móvil *m.* U3/B5
ein Haufen von un montón de U5/A1

Minidiccionario

Haus *nt.* casa *f.* U2/B1; **zu Hause** en casa U2/B1
Hausaufgaben *f.* deberes *m. pl.* U3/B5
Haustier *nt.* mascota *f.* U2/i
Heft *nt.* cuaderno *m.* U3/B1
Es ist heiß. Hace calor. U6/A1
ich heiße me llamo U1/i
er/sie/es heißt se llama U1/A2
hereinkommen entrar U3/B5
heute hoy U1/B1
hier aquí U4/A1
hin zu a U4/A1
hinter detrás de U3/A3
Hitze *f.* calor *m.* U6/A1
Hobby *nt.* afición *f.* U5/A1
hoch alto/-a U4/A1
Hör mal! ¡Oye! U1/B1
hören escuchar U5/i
Hose *f.* pantalón *m.* U5/B5
Hotel *nt.* hotel *m.* U1/i
hübsch guapo/-a U4/A5
Hund *m.* perro *m.* U2/A1

I

ich yo U1/i
Idee *f.* idea *f.* U6/B2
ihr vosotros/-as U1/A3
ihr/e su/s U4/B1
immer siempre U3/A1
immer noch todavía U3/A2
in en U1/i, a U4/A1
Insel *f.* isla *f.* U6/i
intelligent inteligente U4/A1
interessant interesante U4/A1

J

ja sí U1/B1
Jacke *f.* chaqueta *f.* U5/B5
Jahr *nt.* año *m.* U2/A1
Jeans *f.* vaqueros *m.pl.* U5/B5
jetzt ahora U2/A1
Junge *m.* chico *m.* U1/i

K

Es ist kalt. Hace frío. U6/A1
Kälte *f.* frío *m.* U6/A1
Kaninchen *nt.* conejo *m.* U2/i
Kapuzenpullover *m.* sudadera *m.* U5/B5
kastanienbraun castaño/-a U4/A1
Katze *f.* gato *m.* U2/A9
kaufen comprar U2/B1
kein/e no U2/A1
Kino *nt.* cine *m.* U2/B1
Kiosk *m.* quiosco *m.* U3/i
klar claro U2/B1
Klasse *f.* clase *f.* U3/B1
klasse guay *(col.)* U4/B1
Klassenarbeit *f.* examen *m.* U3/B5
Klassenraum *m.* clase *f.* U3/B1
Klassenzimmer *nt.* aula *m.* U3/B5
Klavier *nt.* piano *m.* U5/i
Kleid *nt.* vestido *m.* U5/B5
Kleidung *f.* ropa *f.* U3/A1
klein bajo/-a U4/A1, pequeño/-a U4/B1
Koffer *m.* maleta *f.* U5/B7; **den Koffer packen** hacer la maleta *(irr.)* U6/B2
können poder (o → ue) U5/B1
kreativ creativo/-a U4/A1
Kugelschreiber *m.* bolígrafo *(col.: el boli) m.* U3/B1
Kumpel *m.* compañero/-a *m./f.* U4/B1
Kurs curso *m.* U6/A1
kurz corto/-a U4/A5
Kuss *m.* beso *m.* U4/A1
Küste *f.* costa *f.* U6/A1

L

Laden *m.* tienda *f.* U3/A1
lang largo/-a U4/A5
langweilig aburrido/-a U6/B1
langweilige Sache *f.* rollo *(col.) m.* U6/B1
Leben *nt.* vida *f.* U2/i
leben vivir U4/B1
Lehrer/in *m./f.* profesor/a *m./f.*, profe *(col.) m./f.* U3/B1
leicht fácil U4/A1
Es tut mir leid. Lo siento. U4/B1
lernen estudiar U2/B1
lesen leer U3/B5
letzte(r, s) último/-a U6/A1
Leute *f.* gente *f.* U4/i
Lieblings- favorito/-a U4/A1; **Lieblingsfach** *nt.* asignatura favorita *f.* U3/B9
links a la izquierda U3/A3
lockig rizado/-a U4/A5
lustig gracioso/-a U4/A1

M

machen hacer *(irr.)* U5/A1; **ein Foto machen** sacar una foto U3/A1; **machen müssen (etw.)** tener que hacer algo *(irr.)* U5/B1
Mädchen *nt.* chica *f.* U1/i
manchmal a veces U3/A1
Mann *m.* hombre *m.* U4/A1
Mannschaft *f.* equipo *m.* U5/A1
Mappe *f.* carpeta *f.* U3/B1
Markt *m.* mercado *m.* U3/A1
Meer *nt.* mar *m.* U6/i
Meerschweinchen *nt.* conejillo de indias *m.* U2/A9
mein/e mi U2/i
meine *(pl.)* mis U4/B1
Mensch *m.* hombre *m.* U4/A1
mies fatal *(col.)* U1/B4
mir a mí U5/i; **mir nicht** a mí no U5/A4; **mir schon** a mí sí U5/A4
mit con U2/B1
mit mir conmigo U5/B1
Mitschüler/in *m./f.* compañero/-a *m./f.* U4/B1
Mittagsruhe *f.* siesta *f.* U6/B1
Mittagsschlaf *m.* siesta *f.* U6/B1
Mittelmäßig regular U1/B4
Mittwoch *m.* miércoles *m.* U3/B9
modern moderno/-a U4/A1
mögen gustar (+ sust./inf.) U5/i
Montag *m.* lunes *m.* U3/B9
morgen mañana U1/B1; **Bis morgen!** ¡Hasta mañana! U1/A2
Morgen *m.* mañana *f.* U2/B1; **Guten Morgen!** ¡Buenos días! U1/i
morgens por la mañana U2/B1

ciento ochenta y tres

Minidiccionario

Museum *nt.* museo *m.* U3/A1
Musik *f.* música *f.* U1/i
Musikinstrument *nt.* instrumento *m.* U5/A1
müssen, etw. machen tener que hacer algo (*irr.*) U5/B1
Mutter *f.* madre *f.* U2/i

N
na gut bueno U2/B1
Na so was! ¡Qué pasada! (*col.*) U6/A1
nach (*räumlich*) a U4/A1
nach (+ *Substantiv, temporal*) después de (+ *sust.*) U5/A1
nachher luego U2/B1
Nachmittag *m.* tarde *f.* U2/B1
nachmittags por la tarde U2/B1
Nachricht *f.* mensaje *m.* U2/B8
nächste Woche *f.* semana que viene *f.* U3/B5
Nacht *f.* noche *f.* U2/B1; **Gute Nacht!** ¡Buenas noches! U1/A2
nachts por la noche U2/B1
in der Nähe von cerca de U2/A1
Name *m.* nombre *m.* U5/A1
neben al lado de U3/A3
nein no U2/A1
nervig pesado/-a U4/A1
nett majo/-a U4/B1
neu nuevo/-a U4/A1
nicht no U2/A1; **mir nicht** a mí no U5/A4
Nicht wahr? ¿Verdad? U6/B2
niedrig bajo/-a U4/A1
noch todavía U3/A2
noch (ein)mal otra vez U4/A1
normalerweise normalmente U5/A1
Nummer *f.* número *m.* U2/A4

O
oder o U3/A1
öffnen abrir U3/B5
o. k. vale U2/B1
Oma *f.* abuela *f.* U4/i
Onkel *m.* tío *m.* U4/i
Opa *m.* abuelo *m.* U4/i
Ort *m.* lugar *m.* U6/i

P
(den Koffer) packen hacer la maleta (*irr.*) U6/B2
Papa *m.* papá *m.* U1/i
Papierkorb *m.* papelera *f.* U3/B1
Park *m.* parque *m.* U2/A1
Partner/in *m./f.* pareja *f.* U4/i
Party *f.* fiesta *f.* U1/i
(Schul)pause *f.* recreo *m.* U3/B5
Pausenhof *m.* patio *m.* U3/B5
Peinlichkeit *f.* vergüenza *f.* U4/B1
perfekt perfecto/-a U6/B2
Person *f.* persona *f.* U4/A1
Pferd *nt.* caballo *m.* U2/A9
Plakat *nt.* cartel *m.* U1/B3
Plan *m.* plan *m.* U4/A1
Platz *m.* plaza *f.* U2/B1, lugar *m.* U6/i
präsentieren (etw.) presentar algo U3/A1
pro Tag al día U3/B9
pro Woche a la semana U3/B9
Programm *nt.* programa *m.* U5/A1
programmieren programar U5/A1
Prüfung *f.* examen *m.* U3/B5
Pullover *m.* jersey *m.* U5/B5

R
rechts a la derecha U3/A3
reden (über) hablar (de) U2/B1
Regen *m.* lluvia *f.* U6/B4
regnen llover (o → ue) U6/A1
reisen viajar U6/A1
reiten montar a caballo U5/i
Restaurant *nt.* restaurante *m.* U1/i
Rock *m.* falda *f.* U5/B5
rot rojo/-a U4/A1
rothaarig pelirrojo/-a U4/A5
Rucksack *m.* mochila *f.* U3/B1
ruhig tranquilo/-a U4/A1

S
Sache *f.* cosa *f.* U5/A1; **langweilige Sache** *f.* rollo (*col.*) *m.* U6/B1
Samstag *m.* sábado *m.* U3/B9
Schamgefühl *nt.* vergüenza *f.* U4/B1
schauen (etw.) mirar algo U5/B1
Scherz *m.* broma *f.* U4/B1
schicken mandar U6/B2
Schiff *nt.* barco *m.* U6/i
Schild *nt.* cartel *m.* U1/B3
Schildkröte *f.* tortuga *f.* U2/A9
Schirmmütze *f.* gorra *f.* U5/B5
schlafen dormir (o → ue) U6/A1
Schlagzeug *nt.* batería *f.* U5/A1
schlecht mal U1/B4
schließlich al final U6/A1
schneien nevar (e → ie) U6/B4
Schokolade *f.* chocolate *m.* U6/B1
schon ya U6/A1
mir schon a mí sí U5/A4
schön bonito/-a U4/A1
schrecklich horrible U1/i
schreiben escribir U3/B5
Schuh *m.* zapato *m.* U5/B5
Schule *f.* escuela *f.* U6/A1
Schüler/in *m./f.* alumno/-a *m./f.* U3/B1
Schulhof *m.* patio *m.* U3/B5
Schulpause *f.* recreo *m.* U3/B5
schwarz negro/-a U4/A1
schwer difícil U4/A1
Schwester *f.* hermana *f.* U1/i
schwierig difícil U4/A1
Schwimmbad *nt.* piscina *f.* U4/A1
schwimmen nadar U5/i
See *f.* mar *m.* U6/i
sehen (etw.) mirar algo U5/B1, ver algo (*irr.*) U5/i
Sehenswürdigkeit *f.* monumento *m.* U6/i
sehr muy U1/B1
sein ser (*irr.*) U1/A3, estar (*irr.*) U3/A1
sein/e su/s U4/B1
Seite *f.* página *f.* U3/B5
Serie *f.* serie *f.* U5/i
shoppen gehen ir de compras (*irr.*) U5/i

Minidiccionario

sie *(sg.)* ella U1/i; **sie** *(pl.)* ellos/ellas U1/A3
singen cantar U4/B1
so así U2/A9
Sohn *m.* hijo *m.* U4/i
Sommer *m.* verano *m.* U1/i
Sonne *f.* sol *m.* U1/i; **Die Sonne scheint.** Hace sol. U6/B2
Sonntag *m.* domingo *m.* U3/B9
Spanisch *nt.* español *m.* U2/B1
Spaß *m.* broma *f.* U4/B1
später luego U2/B1; **Bis später!** ¡Hasta luego! U1/i
Spiel *nt.* juego *m.* U1/i
Spielekonsole *f.* consola *f.* U5/A1
spielen *(Instrument)* tocar U5/i
spielen *(Spiel, Sport)* jugar a (u → ue) U5/i
Sport *m.* deporte *m.* U1/i
Sportzentrum *nt.* polideportivo *m.* U3/i
sprechen (über) hablar (de) U2/B1
Stadion *nt.* estadio *m.* U4/A1
Stadt *f.* ciudad *f.* U2/A1
Stadtviertel *nt.* barrio *m.* U2/A1
Steckbrief *m.* perfil *m.* U5/A1
Stehcafé *nt.* bar *m.* U1/i
Stift *m.* lápiz *m.* U3/B1
Stimmt's? ¿Verdad? U6/B2
Strand *m.* playa *f.* U1/i
Straße *f.* calle *f.* U3/A1
streng estricto/-a U4/A1
Stück *nt.* trozo *m.* U4/B1
Stuhl *m.* silla *f.* U3/B1
Stunde *f.* hora *f.* U3/B9
Stundenplan *m.* horario *m.* U3/B9
suchen (etw.) buscar algo U3/A1
Supermarkt *m.* supermercado *m.* U3/i
surfen hacer surf *(irr.)* U6/B2
Surfing *nt.* surf *m.* U6/A1
Süßigkeit *f.* chuchería *f.* U4/B1
sympathisch simpático/-a U4/A1, majo/-a U4/B1

T

T-Shirt *nt.* camiseta *f.* U4/A1
Tablet *nt.* tableta *f.* U3/B1
Tafel *f.* pizarra *f.* U3/B1
Tag *m.* día *m.* U3/B9; **Guten Tag!** ¡Buenos días! U1/i, ¡Buenas tardes! U1/A2; **pro Tag** al día U3/B9
Tante *f.* tía *f.* U4/i
tanzen bailar U5/i
Team *nt.* equipo *m.* U5/A1
Teilen compartir U3/B5
teilnehmen (an etw.) participar (en algo) U5/A1
Teller *m.* plato *m.* U4/B1
Text *m.* texto *m.* U3/B5
Theater *nt.* teatro *m.* U3/A1
Tier *nt.* animal *m.* U5/A1
Tisch *m.* mesa *f.* U3/B1
Tochter *f.* hija *f.* U4/i
Torte *f.* tarta *f.* U4/B1
Tourist/in *m./f.* turista *m./f.* U3/A1
tragen llevar U4/A5
sich treffen quedar U2/B1
trinken (etw.) tomar algo U3/A1
Tschüss! ¡Adiós!, ¡Hasta luego! U1/i
tun hacer *(irr.)* U5/A1
Tür *f.* puerta *f.* U3/B5
Turnschuh *m.* zapatilla *f.* U5/B5

U

U-Bahn *f.* metro *m.* U6/i
übel fatal *(col.)* U1/B4
über *(räumlich)* encima de U3/A3
Uhrzeit *f.* hora *f.* U3/B9
Um wie viel Uhr? ¿A qué hora? U5/B1
um zu *(+ Inf.)* para *(+ inf.)* U6/B2
Umfrage *f.* encuesta *f.* U5/A6
und y U1/i
unser/e nuestro/-a U4/B1
unter debajo de U3/A3
unter Null bajo cero U6/B4
Unterricht *m.* clase *f.* U3/B1
Unterrichtsfach *nt.* asignatura *f.* U3/B9
Urlaub *m.* vacaciones *f.pl.* U1/i

V

Vater *m.* padre *m.* U2/i
sich verabreden quedar U2/B1
verbringen pasar U2/B1
verschieden diferente U4/A1
verstehen comprender U3/B5
Video *nt.* vídeo *m.* U2/B1
Videospiel *nt.* videojuego *m.* U5/i
viel/e mucho/-a U6/B2; **unheimlich viel/e** un montón de U5/A1
Viertel nach *(Uhrzeit)* y cuarto U5/B2
Viertel vor *(Uhrzeit)* menos cuarto U5/B2
von de U1/i, desde U6/B2
vor *(räumlich)* delante de U3/A3
vor *(+ Subst., temporal)* antes de *(+ sust.)* U6/A1
vorführen (etw.) enseñar algo U6/B2
Vormittag *m.* mañana *f.* U2/B1
vormittags por la mañana U2/B1
vorstellen (etw.) presentar algo U3/A1

W

Nicht wahr? ¿Verdad? U6/B2
während durante U3/B5
Wahrheit *f.* verdad *f.* U4/B1
wandern hacer senderismo *(irr.)* U6/A1
wann? ¿cuándo? U2/B1
Es ist warm. Hace calor. U6/A1
Wärme *f.* calor *m.* U6/A1
warum? ¿por qué? U3/B5
was? ¿qué? U1/B1
Was bedeutet...? ¿Qué significa...? U1/B2
Was für ein(e) ...! ¡Qué *(+ adj./adv./sust.)*! U4/A1
Was ist (los)? ¿Qué pasa? U1/B1
Wasser *nt.* agua *f.* U6/A1
weil porque U4/A1
Welle *f.* ola *f.* U6/B2
Wellensittich *m.* periquito *m.* U2/A9

Minidiccionario

wenig/e poco/-a U6/B2
wer? ¿quién/es? U4/i
Wetter *nt.* tiempo *m.* U6/B2
Wie ...! ¡Qué *(+ adj./adv./sust.)*! U4/A1
wie? ¿cómo? U1/A2
Wie alt bist du? ¿Cuántos años tienes? U2/A1
Wie geht es dir? ¿Cómo estás? U1/B4
Wie geht's? ¿Qué tal? U1/B1
Wie heißt du? ¿Cómo te llamas? U1/A2
Wie spät ist es? ¿Qué hora es? U5/B2
wie viel/e? ¿cuánto/-a? U4/B8
Wind *m.* viento *m.* U6/B2
Es ist windig. Hace viento. U6/B2
Winter *m.* invierno *m.* U6/A1
wir nosotros/-as U1/A3

Witz *m.* broma *f.* U4/B1
witzig gracioso/-a U4/A1
wo? ¿dónde? U2/B1
Woche *f.* semana *f.* U3/B5; **pro Woche** a la semana U3/B9
Wochenende *nt.* fin de semana *m.* U5/A1
woher? ¿de dónde? U1/A2
wohin? ¿adónde? U4/A9
wohnen vivir U4/B1
Wohnung *f.* piso *m.* U3/A1
wollen querer (e → ie) U5/B1
Wort *nt.* palabra *f.* U1/A8
Wow! ¡Qué pasada! *(col.)* U6/A1

Z

Zahl *f.* número *m.* U2/A4
Zahnspange *f.* aparato de dientes *m.* U4/A5
zeigen (etw.) enseñar algo U6/B2

Zeit *f.* tiempo *m.* U2/B1
Zelt *nt.* tienda de campaña *f.* U6/A1
Zentrum *nt.* centro *m.* U2/B1
ziemlich (viel) bastante U6/A1
Zimmer *nt.* habitación *f.* U5/B1
Zone *f.* zona *f.* U6/B2
zu *(räumlich)* a U4/A1
zu Hause en casa U2/B1
zuerst primero U3/B5
Zug *m.* tren *m.* U6/i
zwischen entre U3/A3

Los números

Die Grundzahlen von 0 bis 20

0	cero
1	uno, una, un
2	dos
3	tres
4	cuatro
5	cinco
6	seis
7	siete
8	ocho
9	nueve
10	diez

11	once
12	doce
13	trece
14	catorce
15	quince
16	die**cis**é**is**
17	die**ci**siete
18	die**ci**ocho
19	die**ci**nueve
20	veinte

Die Grundzahlen von 21 bis 100

21	veint**i**uno/-a, -ún
22	veint**idó**s
23	veint**itré**s
24	veint**i**cuatro
25	veint**i**cinco
26	veint**isé**is
27	veint**i**siete
28	veint**i**ocho
29	veint**i**nueve
30	treinta
31	treinta y uno/-a, -ún
32	treinta y dos
33	treinta y tres
34	treinta y cuatro
35	treinta y cinco
36	treinta y seis
37	treinta y siete
38	treinta y ocho

39	treinta y nueve
40	cuarenta
41	cuarenta y uno/-a, ún
42	cuarenta y dos
43	cuarenta y tres
44	cuarenta y cuatro
45	cuarenta y cinco
46	cuarenta y seis
47	cuarenta y siete
48	cuarenta y ocho
49	cuarenta y nueve
50	cincuenta
60	sesenta
70	setenta
80	ochenta
90	noventa
100	cien

Países y continentes

Los continentes

África	Afrika
América del Sur / Sudamérica	Südamerika
América del Norte / Norteamérica	Nordamerika
Antártida	Antarktis
Asia	Asien
Europa	Europa
Oceanía	Ozeanien

Países de Hispanoamérica

Argentina	Argentinien
Bolivia	Bolivien
Chile	Chile
Colombia	Kolumbien
Costa Rica	Costa Rica
Cuba	Kuba
Ecuador	Ecuador
El Salvador	El Salvador
Guatemala	Guatemala
Honduras	Honduras
México	Mexiko
Nicaragua	Nicaragua
Panamá	Panama
Paraguay	Paraguay
Perú	Peru
Puerto Rico	Puerto Rico
República Dominicana	Dominikanische Republik
Uruguay	Uruguay
Venezuela	Venezuela

Países y lenguas

país	lengua	Land
Afganistán	el pashto, el dari (el persa afgano)	Afghanistan
Albania	el albanés	Albanien
Alemania	el alemán	Deutschland
Austria	el alemán	Österreich
Bélgica	el neerlandés, el francés, el alemán	Belgien
Bulgaria	el búlgaro	Bulgarien
China	el chino mandarín (estándar)	China
Croacia	el croata	Kroatien
Dinamarca	el danés	Dänemark
Eslovaquia	el eslovaco	Slowakei
España	el español	Spanien
Finlandia	el finlandés, el sueco	Finnland
Francia	el francés	Frankreich
Grecia	el griego	Griechenland
Hungría	el húngaro	Ungarn
Irán	el persa	Iran
Irlanda	el inglés, el irlandés	Irland
Italia	el italiano	Italien
Japón	el japonés	Japan
Noruega	el noruego	Norwegen
Países Bajos	el neerlandés	Niederlande
Polonia	el polaco	Polen
Portugal	el portugués	Portugal
Reino Unido	el inglés	Vereinigtes Königkreich
República Checa	el checo	Tschechische Republik
Rumanía	el rumano	Rumänien
Rusia	el ruso	Russland
Serbia	el serbio	Serbien
Siria	el árabe	Syrien
Suecia	el sueco	Schweden
Suiza	el alemán, el francés, el italiano, el romanche	Schweiz
Turquía	el turco	Türkei
Ucrania	el ucraniano	Ukraine

Bildnachweis

|Alamy Stock Photo, Abingdon/Oxfordshire: Cobo, Pedro 66.12; Davo, Enrique 76.4; DCarreno 11.1, 52.4; Doyle, Paul 50.4, 66.3; GONZALEZ OSCAR 76.8; Hasenkopf, Juergen 80.5; Hirgon 41.6, 50.2; Hockenhull, Kate 10.2; Japhotos 50.5, 66.1; Jeffrey Isaac Greenberg 5+ 66.8; Karpeles, Kim 66.6; May, Steven 35.1; Nano Calvo 40.2; Olgun, Mustafa 110.1; Panther Media GmbH 125.1; Rotenberg, Alexandre 45.3; Segre, Alex 52.8; Wilson, Ray 114.3; Zoonar GmbH 51.4, 66.7; ZUMA Press 80.3. |Alamy Stock Photo (RMB), Abingdon/Oxfordshire: Burrell, Michael 73.2; dbimages 45.1; Efrain Padro 23.6; Galvin, Kevin 104.6; JOHN KELLERMAN 18.3; Jozsef, Szasz-Fabian 36.6, 162.9; Kanning, Mark 126.2; Peter Horree 51.1, 66.2; Sackermann, Joern 84.6; Westend61 GmbH 49.5; Zoonar GmbH 84.4. |Assies, Juliane, Berlin: 139.8. |Ayuntamiento de Ribadesella, Ribadesella: 17.4. |Bethke, Angelika, Wolfenbüttel: 88.1, 88.2, 88.3, 88.4. |Brosius, Anne, Königswinter: 65.1. |Colourbox.com, Odense: Artur Bogacki 41.3. |Dzwonik, Cristian, Buenos Aires: 109.1. |fotolia.com, New York: .shock 51.2, 66.9; BEAUTYofLIFE 105.10, 111.2; Christian Mller 84.2; comodigit 126.4; Danaan 104.4; gosphotodesign 41.7; ivan kmit 127.2; Javier Castro 142.9; JJAVA 49.3; Kneschke, Robert 49.7; Leonid Tit 127.3; Mainka, Markus 43.5; Maria Vazquez 142.10; mates 73.3; pterwort 73.6; Radlgruber, Jakob 15.6; roxcon 43.10; T. Michel 109.3, 109.4; travelbook 23.4. |Getty Images, München: Regidor, Mariano 80.4. |Getty Images (RF), München: GMVozd 70.4; kate_sept2004 Titel. |Hammen, Josef, Trierweiler: 28.5. |Imago Creative, Berlin: Vallecillos, Lucas 52.5; xlunamarinax 16.1. |Imago Editorial, Berlin: xDreamstimexStargirlx 52.3. |iStockphoto.com, Calgary: 110.2, 118.10; Alex 15.4; Andrea Comi 104.3; andresr 115.1; BardoczPeter 8.1, 50.1; basiczto 18.1; Bonerok 126.5; Borzee, Myriam 25.2; CaronB 15.3; Chernetska, Liudmila 89.1, 89.2, 89.3, 89.4, 89.5, 89.6; Chet_W 111.4; Chhatrala, Aditya 105.3; Chris Krumme 104.1; colematt 29.1; Daniela Buoncristiani 128.2; Dawid Kalisinski Photography 18.2; DenKuvaiev 15.1; Dicky Algofari 105.9; Engbers, Judith 81.5; etorres69 71.3; fad1986 109.6; fotyma 49.4; Friedrich, Susanne 87.1; Grafissimo 25.3; Holger Mette 129.2; HRAUN 94.5; Iggi_Boo 73.5; jhorrocks 43.7; Juanmonino 128.1; Lord_Kuernyus 45.2; MaxTopchij 87.4; Melikli, Turqay 121.3; MICHAEL WORKMAN 10.1; monkeybusinessimages 43.12; my_wave_pictures 81.7; Nazarii 109.2; nito100 71.1; pawel.gaul 66.11; photosynthesis 121.5, 121.6, 121.7, 121.12; Ridofranz 23.7; Rudenko, Mikhail 120.2; Satilda 66.15; Schmidt, Oksana 31.3; SeanPavonePhoto 41.1; SeventyFour 81.8; shironosov 94.3; skynesher 81.6, 129.3; strickke 95.4; Studioimagen73 Titel; tovovan 56.1; UrchenkoJulia 93.1, 93.2, 93.3, 93.4, 93.5, 93.6, 93.7, 93.8, 93.9, 93.10, 93.11, 93.12; valentinrussanov 23.1; Valeriy_G 43.6; Viorika 15.5. |juniors@wildlife Bildagentur GmbH, Hamburg: 47.1. |Kehr, Karoline, Hamburg: 61.5, 61.6. |Lucentum Digital Productions, Alicante: Pau Nieto 64.1. |Lüddecke, Liselotte, Hannover: 109.5. |mauritius images GmbH, Mittenwald: CuboImages /Spanu, Enrico 41.2. |Mercazoco Market, Gijón, Asturias: : Organización: @fartukarte, Diseño gráfico: @mimalcriada (Melissa Noriega) 17.2, 17.3. |Mithoff, Stephanie, Egestorf: 27.1, 139.5. |Olbrück, Lisa, Siegburg: 108.4. |PantherMedia GmbH (panthermedia.net), München: ABBPhoto 42.8; Anna_Om 47.2; Carina Hanser 71.2; hlavkom 36.4, 162.3; Observer 63.1; Parise, Magali 36.5, 162.2; welcomia 118.3, 136.5. |rsrdesign Gerlinde Reckels & Harry Schneider-Reckels, Wiesbaden: 21.1, 30.3, 30.4, 30.5, 43.1, 43.2, 43.3, 43.4, 62.8, 100.1, 100.2, 100.3, 117.1, 117.2, 142.1, 142.2, 142.3, 142.4, 142.5, 142.6. |Ruthe, Oda, Braunschweig: 28.4, 139.4. |Schulte, Susanne, Münster: 139.2. |Schumann, Friederike, Berlin: 116.2. |Shutterstock.com, New York: 66.13; Alfonso de Tomas 142.7; alvaher 3.2; alvarog1970 50.3, 66.4; Andronov, Leonid 104.2; avarand 84.5; balabolka 21.2; Belova, Catarina 66.14; Bertl123 31.1; BigTunaOnline 111.1; Biliak, Vitalii 121.4; BlueOrange Studio 114.2, 126.1; bodrumsurf 81.1; Cabanas, Eduardo 25.6; Callander, Belinda 41.8; Chabraszewski, Jacek 43.11; cve iv 56.2, 56.3, 56.4, 56.5, 56.6, 56.7, 56.8, 56.9, 56.10, 56.11, 56.13, 106.3; dimbar76 8.2, 39.1, 121.1; DobagahaPeiris 73.7; Dundjerski, Dejan 110.4; Evgeny Kuzhilev 115.3; gesango16 11.2; goodluz 118.1, 136.3; GreenArt 37.1, 162.4; Ground Picture 118.6, 137.3; Habich, Arina P 94.4; Hutchins, Kathy 80.1; Karkas 111.3; kreasitekmedia 56.7, 56.12; Kudrin, Ruslan 48.1; Lucky Business 51.3; maradon 333 120.3; mehdi33300 121.8; Molinero, Luis 73.4; Monkey Business Images 49.1; New Africa 129.4; Nowaczyk 70.1; NYS 105.8; OlgaGi 105.5; OSCAR GONZALEZ FUENTES 70.2; Pixel-Shot 94.2; Popova, Olga 105.6; Pressmaster 84.9; Santandreu, Luciano 110.5; Spanish Jeque 115.4; Szelepcsenyi, Ferenc 66.10; Tinseltown 80.2; Vellicos 49.2; Vitleo, Vitalii 80.6; Weyo, Marian 126.7; Wirestock Creators 104.5. |Stadt Grabow/Amt Grabow, Grabow: Plakat Sommercamp 2024/ Amt Dömitz-Malliß und Amt Grabow 124.1. |stock.adobe.com, Dublin: Aintschie 36.10, 162.5; Albers, Guenter 23.3, 126.8; Alexandra_K 105.4; Andreas P 43.9; Best, Riko 99.9; Bouloubassis, Andreas 41.4; Cali6ro 121.11; Cetkauskas, Augustas 23.8; Chabraszewski, Jacek 120.4; contrastwerkstatt 19.2; copyright by Oliver Boehmer - bluedesign® 81.2; davooda 115.5, 115.6, 115.7, 115.8, 115.9, 115.10, 115.11; dglimages 41.5; dreamsnavigator 95.2; Durst, Otto 36.8, 162.6; Echeverri Urrea, Luis 70.3; ecuadorquerido 23.10; Eddie 36.3; eyetronic 71.4, 118.4, 137.1; Fedorenko, Alexey 81.4; Filimonov, Iakov 99.10; fizkes 43.8; Forkert, Andre 23.2; Gasparic, Jure 36.9, 162.8; Glaubitz, Jonas 95.1; GoneWithTheWind 15.2; Hero Images 114.1; Hötzel, Elke 36.2, 162.7; insta_photos 20.1; JackF 95.5, 129.1; jehuty18 118.2, 136.4; Kadmy 99.8; Kara 84.8; KarlGroße 99.7; Kostic, Dusan 94.1; kuarmungadd 105.1; LucVi 25.4; maffi 105.2; maggiw 118.5, 137.2; martialred 13.2, 19.1, 26.1, 26.2, 41.9, 54.11, 61.7, 122.2; matimix 23.5; mbruxelle 126.6; nito 120.1; peregrinus 46.1, 46.2, 46.3, 46.4, 46.5, 46.6, 118.7; Photographee.eu 87.2; pixelliebe 34.1, 34.2, 34.3, 34.4, 34.5, 34.6, 39.2, 39.3, 39.4, 68.1, 76.2, 76.6, 76.9, 77.1, 96.2, 96.4, 96.6, 99.1, 99.2, 99.3, 99.4, 108.1, 108.2, 108.3, 121.9, 121.10, 121.13; pololia 128.3; Rawpixel.com 49.6; rcfotostock 73.1; ROMANOV 84.3; S.Dehnen Photography 25.1; schame87 115.2; schulzfoto 99.6; Schuppich, M. 15.8; Servet, Seda 84.7; Shvedak, Marina 127.1; soniccc 81.3; st-fotograf 103.1; streptococcus 118.9, 121.2; Studio KIVI 95.3; Tarzhanova 105.7; Thomas Breitenbach

Bildnachweis

99.11; ti_to_tito 110.3; Tina 36.7, 162.1; travelview 149.2; Ulrich 127.4; Vajirawich 66.5; Valerie2000 25.5; vk446 47.3; warmworld 63.2, 76.5, 87.3, 96.8, 112.1; WavebreakMediaMicro 89.7; ©anoli 126.3; ©fahrwasser 15.7, 23.9. |Surfcamp Ribadesella, Ribadesella – Asturias: 17.1. |Wefringhaus, Klaus, Braunschweig: 149.1. |Wiatrowski, Tonia, Braunschweig: 28.6. |Zwick, Joachim, Gießen: 192.1, 202.1, 206.1.

Audios und Videos

Lucentum Productions, Alicante. Projektleitung: Carmen Rubio (Audios) und José B. Fernández (Videos). Sprecherinnen und Sprecher: Chema Bazán, Susi Bazán, Paula Cardona, Hugo Galeote, Santi García, Mario Juárez, Iván López, Lola Maestro, Viviana Morales, Mar Nieto, Carlos A. Ortiz, Valeria Piñero, Carmen Rubio, Alba Ruiz, Diego Sanchís, Pablo Torá.
© Westermann Bildungsmedien Verlag

Mapa político de España

Leyenda:
- frontera internacional
- límite autonómico
- límite provincial
- ● Madrid — capital de España
- ● capital de autonomía
- ○ capital de provincia

Escala: 0 – 50 – 100 – 150 km

Océano Atlántico

PORTUGAL

FRANCIA — ANDORRA

MARRUECOS

Comunidades Autónomas y capitales

- **Galicia**: Santiago de Compostela, Pontevedra, Orense, Lugo
- **Asturias**: Oviedo
- **Cantabria**
- **País Vasco**: Bilbao, San Sebastián, Vitoria
- **Navarra**: Pamplona
- **La Rioja**: Logroño
- **Aragón**: Zaragoza, Huesca, Teruel
- **Cataluña**: Barcelona, Lérida, Tarragona, Gerona
- **Castilla y León**: Valladolid, León, Zamora, Salamanca, Ávila, Segovia, Palencia, Burgos, Soria
- **Madrid**: Madrid
- **Extremadura**: Mérida, Cáceres, Badajoz
- **Castilla - La Mancha**: Toledo, Ciudad Real, Guadalajara, Cuenca, Albacete
- **Comunidad Valenciana**: Valencia, Castellón d.l.P., Alicante
- **Murcia**: Murcia
- **Andalucía**: Sevilla, Huelva, Cádiz, Málaga, Córdoba, Jaén, Granada, Almería
- **Ceuta (Esp.)**
- **Melilla (Esp.)**
- Gibraltar (G.B.)

Costas
Costa de la Luz, Costa del Sol, Costa de Almería, Costa Blanca, Costa Valencia, Costa Brava

Golfos y estrechos
Golfo de Cádiz, Estrecho de Gibraltar, Golfo de Valencia

Islas Baleares
Mallorca (Palma d.M.), Menorca, Ibiza, Formentera

Mar Mediterráneo

Islas Canarias
El Hierro, La Gomera, La Palma, Tenerife (S.C. Tenerife), Gran Canaria (Las Palmas G.C.), Fuerteventura, Lanzarote

Escala: 0 – 25 – 50 – 75 km

EL ESPAÑOL EN LATINOAMÉRICA

ESTADOS UNIDOS

Océano Atlántico

Golfo de México

Monterrey
MÉXICO
Guadalajara
Meseta
Sierra Madre
Ciudad de México

BELICE
GUATEMALA
Guatemala
EL SALVADOR
San Salvador
HONDURAS
Tegucigalpa
NICARAGUA
Managua
COSTA RICA
San José
PANAMÁ
Panamá

CUBA
La Habana
JAMAICA
HAITÍ
REPÚBLICA DOMINICANA
Santo Domingo
PUERTO RICO
San Juan
Pequeñas Antillas

Mar Caribe

Barranquilla
Pico Cristóbal Colón 5800
Pico Bolívar 5007
Caracas
VENEZUELA
Medellín
COLOMBIA
Bogotá
Cali
Quito
ECUADOR

GUYANA
SURINAM
GUAYANA FRANC.

Orinoco
Amazonas

Islas Galápagos